Minna no Nihongo

みんなの日本語

Mittelstufe II

中級II翻訳・文法解説 ドイツ語版
Übersetzungen & Grammatikalische Erklärungen

スリーエーネットワーク

© 2014 by 3A Corporation

All rights reserved. No part of this publication may be reproduced, stored in a retrieval system, or transmitted in any form or by any means, electronic, mechanical, photocopying, recording, or otherwise, without the prior written permission of the Publisher.

Published by 3A Corporation.
Trusty Kojimachi Bldg., 2F, 4, Kojimachi 3-Chome, Chiyoda-ku, Tokyo 102-0083, Japan

ISBN 978-4-88319-619-7 C0081

First published 2014
Printed in Japan

Vorwort

Minna no Nihongo Mittelstufe II wurde als ein umfassendes Lehrmittel, das an ***Minna no Nihongo Mittelstufe I*** anschließt, entworfen und herausgegeben.

Da es Lernern, die Kenntnisse der Mittelstufe anstreben, einen kontinuierlichen Übergang von der Grundstufe gewährleistet, leicht verständliche Lerninhalte bietet und auf die Nutzung in verschiedenen Sprachen ausgelegt ist, wird es derzeit an Einrichtungen für japanische Sprachausbildung in Japan und anderen Ländern breit genutzt als ein Lehrmittel für Erwachsene im Allgemeinen, sowie für Lerner, die ein Studium in Japan beabsichtigen, und ausländische Studierende in Japan.

In den letzten Jahren nimmt die Zahl der Ausländer, die sich in Japan niederlassen, immer stärker zu; damit einhergehend wird auch der internationale Austausch in den verschiedensten Bereichen lebhafter, und auch die in den betreffenden Gegenden verwurzelten regionalen Aktivitäten finden stärkeren Eingang ins tägliche Leben und werden gleichzeitig vielfältiger.

Vor dem Hintergrund dieser zunehmenden Vielfältigkeit der Bedingungen in Japan sowie der umfangreichen Schicht der Japanischlerner erreichte uns von verschiedenen Seiten der Wunsch nach einem ***Minna no Nihongo Mittelstufe II***, das an ***Minna no Nihongo Mittelstufe I*** anschließt.

Um diesem deutlichen Wunsch zu entsprechen, ist es uns eine Freude, dieses Lehrbuch, das wir nach dem Verfassen und mehrmaligen Umschreiben, vielen Probenutzungen und Überprüfungen in Zusammenarbeit mit Japanischlehrern mit viel praktischer Erfahrung und Forschern herausgeben, nun vorstellen zu können.

Während es in der Grundstufe die Mindestvoraussetzung ist, dass diejenigen, die auf Japanisch kommunizieren müssen, ihre Gedanken mitteilen und den Inhalt dessen verstehen können, was der Gesprächspartner gesagt hat, ist die Mittelstufe auch eine Phase, in der nicht nur die Fähigkeiten zur Anwendung des Japanischen, die man durch das Lernen gewinnt, eine Rolle spielen, sondern in der man auch Dinge wie die Japan eigene Kultur, seine Sitten und seinen Geist erfasst und sich darüber hinaus der Freude bewusst wird, die man aus dem Japanischlernen an sich ziehen kann. Wir sind davon überzeugt, dass das vorliegende Lehrbuch Japanischlernern in dieser Phase von großem Nutzen sein wird.

Zum Schluss möchte ich mich herzlich bei allen bedanken, die bei der Herausgabe des Buches durch ihre Meinungen und Wünsche und ihre Probenutzung des Buches im Unterricht mitgewirkt haben.

3A Corporation wird sich auch in Zukunft bemühen, durch die Entwicklung und die Herausgabe von Lehrmitteln, die an den Berührungspunkten zwischen den verschiedenen Kulturen gebraucht werden, das menschliche Netzwerk zu erweitern.

Wir möchten Sie bitten, weiterhin unsere Arbeit zu unterstützen und uns zu ermutigen.

Takuji Kobayashi
Präsident, 3A Corporation
März 2012

Einleitung

I. Aufbau

Minna no Nihongo Mittelstufe II besteht aus einem Lehrbuch (mit CD) und einem Buch mit Übersetzungen und grammatikalischen Erklärungen (in verschiedenen Sprachen erhältlich). Neben der englischen Ausgabe der Übersetzungen und grammatikalischen Erklärungen werden nach und nach weitere Ausgaben veröffentlicht.

Dieses Lehrbuch ist für die obere Mittelstufe gedacht und darauf ausgelegt, die gesamten sprachlichen Fertigkeiten, nämlich Lesen/Schreiben und Sprechen/Hörverstehen, sowie die Fähigkeit selbständig zu lernen zu kultivieren, die Lerner, die **Minna no Nihongo Grundstufe** (300 Stunden Grundstufenunterricht) und **Minna no Nihongo Mittelstufe I** (150 Stunden Unterricht der unteren Mittelstufe) abgeschlossen haben, beim Übergang von der Mittel- zur Oberstufe benötigen.

Mit Rücksicht auf einen effektiven Lernfortschritt in der oberen Mittelstufe setzen sich die einzelnen Lektionen anders als in **Grundstufe** und **Mittelstufe I** in der Reihenfolge 1) Lesen & Schreiben, 2) Sprechen & Hören, 3) Grammatik & Übungen und 4) Aufgaben zusammen.

II. Inhalt

1. Lehrbuch (mit CD)

(1) Lektionen

Struktur und Inhalt der einzelnen Lektionen beinhalten:

1) Lesen & Schreiben

Das Lehrbuch bietet Lesetexte mit Themen, die den Interessen der Lerner entsprechen, und Inhalten, die dem Lernniveau angemessen sind.

Lesen Sie, ohne sich mit unbekannten Ausdrücken aufzuhalten, den gesamten Text unter Berücksichtigung der Hinweise zum Lesen（読むときのポイント）durch, und erfassen Sie die Hauptpunkte. Die neuen Vokabeln jeder Lektion stehen im separat erhältlichen Band „Übersetzungen und grammatikalische Erklärungen", aber Sie können, indem Sie sich die Bedeutung der Wörter aus dem Kontext erschließen oder sie in einem Wörterbuch überprüfen, die Erfahrung von „echtem" Lesen japanischer Texte machen.

1. 考えてみよう

    Aktivieren Sie als Vorbereitung auf das Lesen Ihr Wissen zum Thema und Hintergrund des Lesetextes.

2. 読もう

    Am Anfang der Lektion werden Hinweise zum Lesen（読むときのポイント）gegeben. Darin werden Tipps, Strategien und Fertigkeiten zur Lektüre genannt, die für das Verständnis des Inhalts und das Erfassen der Gesamtheit des Textes nötig sind. Unter Beachtung des Textaufbaus wird der Erwerb der Fähigkeit angestrebt, die Hauptpunkte präzise und schnell zu erfassen.

3. 確かめよう

   Hier überprüfen Sie, ob Sie die Aufgaben aus den Hinweisen zum Lesen genau durchgeführt haben und das Wesentliche des Textes verstehen konnten, und ob Sie die Bedeutung der neuen Ausdrücke aus dem Kontext erfassen konnten.

4. 考えよう・話そう

   Hier können Sie über Themen nachdenken, die mit dem Thema des Textes in Zusammenhang stehen, und auf der Basis Ihrer eigenen Erfahrungen und Empfindungen Ihre Meinung äußern und zusammenhängende Gespräche führen.

5. チャレンジしよう

   Setzen Sie sich mit einem Thema auseinander, das an das des Haupttexts anknüpft, und fassen Sie es in einem Aufsatz zusammen. Als Anhaltspunkte dafür werden dem Thema entsprechende Ausdrücke, Textstil, die Zahl der Zeichen (ca. 200-800) oder der Textaufbau vorgegeben.

2) Sprechen & Hören

Der Bereich „Sprechen und Hören" in **Mittelstufe II** setzt sich aus einem Lehrplan von Themen und Funktionen zusammen, die mit „Lesen & Schreiben" in Zusammenhang stehen.

In der ersten Hälfte, den Lektionen 13 bis 18, wird, mit Fokus auf Gesprächssituationen des gesellschaftlichen Umgangs und des Austausches, die Redefähigkeit entwickelt, um sich entsprechend dem Thema, Inhalt und Gesprächspartner passend ausdrücken zu können. Bei den Dialogen werden die Gegebenheiten der Unterhaltung (Mitgefühl, Lob, Bescheidenheit, Trost, Ermutigung, Unterscheidung der Stile in den Ausdrücken der Höflichkeit) angezeigt.

In Lektion 19 bis 24 werden verschiedene Situationen mündlicher Bekanntmachungen – Ansprachen, Interviews, Präsentationen (Vermittlung von Informationen), Diskussionen, Reden, Vorstellungsgespräche – vorgegeben. Die Charakteristika des Themas, der Präsentation der Informationen, Daten etc., und der konkreten, den Gesprächspartner berücksichtigenden Ausdrücke und Sprechweise werden aufgezeigt.

1. やってみよう

   Diese Aufgaben bilden eine Einleitung zum Zieldialog. Der Aufgabenstellung folgend schauen Sie, wie weit Sie sich in den vorgegebenen Situationen mit eigenen Worten ausdrücken können.

2. 聞いてみよう

   Mit den Dialogen und Präsentationen (会話・発表) auf CD erfassen Sie den Inhalt und die verwendeten Ausdrücke.

3. もう一度聞こう

   Hören Sie sich die CD noch einmal an und vervollständigen Sie den Dialog bzw. die Präsentation, indem Sie bei _____ Wörter aus dem Dialog eintragen.

4. 言ってみよう

   Schauen Sie sich die Bilder an und sprechen Sie den Dialog genau so wie auf der CD, wobei Sie auf die Aussprache und die Intonation Acht geben.

5. 練習しよう

   Hier werden mit Hilfe der in den Dialogen und Präsentationen benutzten Ausdrücke Gespräche in abgeänderten Situationen und unter anderen Vorgaben geübt.

6. チャレンジしよう

   Führen Sie Gespräche in den vorgegebenen Situationen, in denen Sie die kommunikativen Funktionen nutzen, die das Ziel der jeweiligen Lektion sind.

3) Grammatik & Übungen

Dieser Teil ist in seinem Aufbau in die Bereiche „Lesen & Schreiben" und „Sprechen & Hören" unterteilt.

1. Die grammatikalischen Inhalte (Satzmuster) der Bereiche „Lesen & Schreiben" und „Sprechen & Hören" sind jeweils in „Verständnis" und „Produktion" unterteilt.
2. Bei den Inhalten zu „Verständnis" und „Produktion" wird jeweils ein aus dem Haupttext bzw. Dialog in „Lesen & Schreiben" und „Sprechen & Hören" entnommener Satz als Überschrift präsentiert. Die grammatikalischen Inhalte sind durch Fettdruck markiert.
3. Bei den Inhalten zum „Verständnis" wird durch die Beispielsätze das Verstehen der Satzmuster angeregt und dann über Aufgaben mit je zwei Antwortmöglichkeiten (a. und b.) überprüft, ob Sie die Bedeutung bzw. Funktion korrekt erfasst haben.
4. Bei den Inhalten zur „Produktion" wird, nachdem durch Beispielsätze das Verstehen der Satzmuster angeregt wurde, über vielfältige Übungen zur Produktion der Satzmuster die Brücke zur alltäglichen Verwendung der Sprache geschlagen.

4) Aufgaben

Die Aufgaben am Ende jeder Lektion setzen sich aus I. Hörverständnis (🔊 Symbol für die CD) und II. Leseverständnis zusammen. Mit besonderem Augenmerk nicht nur auf den in der Lektion gelernten Satzmustern und Wörtern bzw. Ausdrücken, sondern auf den jeweiligen Lernzielen, Gesprächsthemen und Funktionen, wurden Situationen bzw. Inhalte aus den Dialogen und Präsentationen oder auch Literatur oder Zeitungsartikel ausgewählt. Die Aufgaben beschränken sich nicht auf die Überprüfung dessen, was gelernt wurde, sondern zielen darauf ab, durch die Tätigkeiten zur Lösung der Aufgaben das allgemeine Verständnis des Japanischen zu schulen und alle Bereiche der Sprache im Leben zu kultivieren.

(2) Orthographie und *Furigana* (Lesungen in *Hiragana* über den *Kanji*)

1) Die Verwendung von *Kanji* basiert grundsätzlich auf der 常用漢字表, der offiziellen Liste der sinojapanischen Schriftzeichen (*Kanji*) für den allgemeinen Gebrauch, sowie dem Anhang zu dieser.

   1. Für 熟字訓 (Wörter, die aus einer Kombination von zwei oder mehreren *Kanji* bestehen und eine Sonderlesung haben), die im Anhang der 常用漢字表 aufgeführt sind, werden hier *Kanji* verwendet.
      Bsp. 友達 Freund/-in   眼鏡 Brille   風邪 Erkältung
      一人 eine Person, ein Mensch

   2. Eigennamen wie Länder- und Ortsnamen sowie Begriffe aus Fachbereichen wie Kunst und Kultur werden mit *Kanji* geschrieben, auch wenn diese *Kanji* bzw. ihre Lesungen nicht in der 常用漢字表 stehen.
      Bsp. 世阿弥 Zeami   文藝 Bungei (Titel einer Zeitschrift)
      如月 zweiter Monat nach dem Mondkalender

2) Einige Wörter werden der leichteren Lesbarkeit halber nur in *Hiragana* geschrieben, auch wenn sie in der 常用漢字表 oder dem Anhang dazu aufgeführt sind.
   Bsp. ある（有る besitzen, 在る existieren）   いまさら（今更 nach so langer Zeit）
   さまざま（様々 verschieden）

3) Für Zahlen werden grundsätzlich arabische Ziffern verwendet.
   Bsp. 9時 9 Uhr   10月2日 2. Oktober   90歳 90 (Jahre alt)

   In den folgenden Fällen werden allerdings *Kanji* verwendet.
   Bsp. 一日中 den ganzen Tag   数百 einige hundert   千両 tausend *Ryō*

4) *Kanji*, die allgemein in der Grundstufe gelernt werden, werden grundsätzlich nicht mit *Furigana* (Lesungen in *Hiragana* über den *Kanji*) versehen.

   1. Bei Komposita, die *Kanji* beinhalten, die zur Mittelstufe gehören, ist dies nicht immer so.
   2. *Kanji* der Mittelstufe, die auf der betreffenden Seite zum ersten Mal vorkommen, werden mit *Furigana* versehen.
   3. *Kanji*, die in den Lesetexten von „Lesen & Schreiben" bzw. den Dialogen von „Sprechen & Hören" (auf der jeweiligen Doppelseite) mehrfach vorkommen, werden nur beim ersten Vorkommen mit *Furigana* versehen.

(3) Lerninhalte

Die in den Bereichen „Lesen & Schreiben" und „Sprechen & Hören" aufgeführten grammatikalischen Inhalte sind jeweils durch unterschiedliche Farben als solche zu „Verständnis" oder „Produktion" kenntlich gemacht.

   1) Lesen & Schreiben

   Aufgeführt werden die Titel der Lesetexte, die Ziele (Strategien) und die grammatikalischen Inhalte (77 Einträge) – ① Verständnis (34 Einträge) und ② Produktion (43 Einträge) – der jeweiligen Lektion.

2) Sprechen & Hören

Aufgeführt werden die Titel der Dialoge und Präsentationen, die Ziele (Strategien) und die grammatikalischen Inhalte (41 Einträge) – ① Verständnis (20 Einträge) und ② Produktion (21 Einträge) – der jeweiligen Lektion.

Weiterhin werden die grammatikalischen Inhalte ohne Verwendung von grammatikalischen Fachbegriffen wie folgt angegeben.

Handelt es sich bei dem Bestandteil, an den das Satzmuster angeschlossen wird, um ein Nomen oder einen ähnlichen Ausdruck, wird dieser mit ～ angezeigt.

  Bsp. ～といった (L. 14)

Handelt es sich um einen Satz, so wird er mit… gekennzeichnet.

  Bsp. …という (L. 15)

Auch wenn es sich um einen Satz handelt, wird er allerdings mit ～ gekennzeichnet, wenn das Satzende eine bestimmte Form hat, wie z.B. die て -Form, た -Form, Wörterbuchform, たら -Form, ている -Form oder ば -Form.

  Bsp. ～たところ (L. 16)

(4) Zusätzliche Grammatik

1) Bei der zusätzlichen Grammatik handelt es sich um ergänzende Inhalte zur Grammatik der Mittelstufe, die in **Mittelstufe I** und **Mittelstufe II** gelernt wurde. Sie sollen den Wünschen von Lernern mit verschiedenen Bedürfnissen, wie z.B. dem Erreichen des Oberstufen-Niveaus oder dem Erlernen japanischer Fachsprache, entsprechen.

2) Die zusätzliche Grammatik wurde nach Bedeutung und Funktionen grob in fünf Bereiche zusammengefasst.

  1. Ausdrücke mit zusammengesetzten Partikeln (partikelartigen Ausdrücken aus zwei oder mehr Bestandteilen)
  2. Ausdrücke mit Konjunktionen
  3. Verschiedene Ausdrücke mit Suffixen
  4. Ausdrücke der subjektiven Einstellung oder Empfindung zum Zeitpunkt der Äußerung
  5. Erläuterungen, in welcher Phase des zeitlichen Verlaufs sich eine Handlung oder ein Geschehen befindet.

3) Zu den Satzmustern werden jeweils Beispielsätze gegeben.

4) In den „Übersetzungen und grammatikalischen Erklärungen" werden Erklärungen zur Bedeutung und Funktion der Satzmuster gegeben.

(5) Index

1) Vokabeln (ca. 2.430)
2) Ausdrücke aus den Dialogen (53)
3) *Kanji* (339)

* Aufgeführt sind die 常用漢字, die in den Lesetexten aller 12 Lektionen vorkommen, mit Ausnahme der Zeichen, die in der Grundstufe sowie in **Mittelstufe I** (315 Zeichen) bereits gelernt wurden.

4) Grammatikalische Inhalte (aus „Grammatik und Übungen", „Zusätzliche Grammatik" sowie den grammatikalischen Lerninhalten aus *Mittelstufe I*) (355 Satzmuster)

(6) Lösungen

1) Lösungen

1. Lesen & Schreiben, Sprechen & Hören, Grammatik & Übungen
2. Aufgaben (enthält die Skripte zu den Hörverständnis-Aufgaben)

(Je nach Aufgabe gibt es abhängig vom Hintergrund der Lerner verschiedene Antwortmöglichkeiten. Hier wird jeweils ein Antwortbeispiel gegeben.)

2) Dialog-Skripte zu Sprechen & Hören

3) Skript zu den Hörverständnisaufgaben am Ende der Lektion

4) Inhalt der CD

(7) CD

Auf der CD sind ① die 読み物 (Lesetexte) von Lesen & Schreiben, ② 会話・発表 (Dialoge und Präsentationen) von Sprechen & Hören und ③ die Teile zum Hörverständnis von Aufgaben aufgenommen. Wie in *Mittelstufe I* werden diese genutzt, um den Reichtum des stimmlichen Ausdrucks im Japanischen zu erfassen und die eigenen Fähigkeiten im Bereich der Anwendung zu entwickeln.

2. Übersetzungen und Grammatikalische Erklärungen (in verschiedenen Sprachen erhältlich)

In den Übersetzungen und grammatikalischen Erklärungen sind die Abschnitte „Vorwort", „Einleitung", „Für die Lerner" und „Auftretende Personen", die sich am Anfang des Lehrbuchs finden, die Vokabeln und grammatikalischen Erklärungen aus den einzelnen Lektionen sowie die Lerninhalte und die zusätzliche Grammatik in die jeweilige Sprache übersetzt.

(1) Neue Vokabeln mit Übersetzungen

Die neuen Vokabeln, Ausdrücke aus den Dialogen und Eigennamen werden in jeder Lektion in der Reihenfolge ihres Vorkommens aufgelistet.

(2) Grammatikalische Erklärungen

Die Bedeutung und Funktion der in den Texten vorkommenden Inhalte zu „Verständnis" und „Produktion" sind in der jeweiligen Sprache erklärt. Besonders zu den Inhalten zur „Produktion" gibt es genaue Erklärungen, wodurch den Lernern ermöglicht wird, die Satzmuster auch tatsächlich beim Sprechen und Schreiben zu benutzen.

(3) Zusätzliche Grammatik

Hierbei handelt es sich um ergänzende Inhalte zur Grammatik, die in *Mittelstufe I* und *Mittelstufe II* gelernt wurde. Entsprechend der Vorgehensweise bei den Satzmustern in den einzelnen Lektionen sind die Erklärungen zu Bedeutung und Funktion sowie die Beispielsätze in die jeweilige Sprache übersetzt.

Für die Lerner

Hier werden die wichtigsten Punkte erläutert, damit Sie mit **Minna no Nihongo Mittelstufe II** (mit CD) und dem separat erhältlichen **Minna no Nihongo Mittelstufe II: Übersetzungen & Grammatikalische Erklärungen** (in verschiedenen Sprachen erhältlich) effektiv lernen können.

I. *Minna no Nihongo Mittelstufe II* (mit CD)

1. Lesen & Schreiben (Lesetexte)

Dieser Teil ist aus Themen, die den Interessen der Lerner entsprechen, und Inhalten, die dem Lernniveau der oberen Mittelstufe angemessen sind, aufgebaut. Sie lernen, die Informationen aus Texten herauszuziehen und über diese Informationen mit anderen zu sprechen und, unter bewusster Aufteilung in Abschnitte, zu schreiben. Am Anfang jeder Lektion werden die jeweiligen Ziele sowie Tipps zum Lesen angegeben.

1) 考えてみよう: Bevor Sie den Haupttext lesen, denken Sie bitte über Dinge nach, die mit dem Thema in Zusammenhang stehen, und unterhalten sich miteinander darüber.

2) 読もう: Lesen Sie den Haupttext und berücksichtigen Sie dabei die Hinweise zum Lesen (読むときのポイント). Die Bedeutung von unbekannten Wörtern erschließen Sie sich bitte zuerst über den Kontext und über Ähnlichkeiten mit bereits Bekanntem, danach überprüfen Sie sie mit Hilfe der **Übersetzungen & Grammatikalischen Erklärungen** oder Wörterbüchern.

3) 確かめよう: Hier vergewissern Sie sich, wie viel Sie vom Inhalt des Texts verstanden haben. Sie können zwischen dem Text und den Fragen beliebig oft hin- und herwechseln.

4) 考えよう・話そう: Denken Sie über Dinge nach, die mit dem Thema in Zusammenhang stehen, unterhalten Sie sich mit Freunden darüber und machen Sie dazu Präsentationen.

5) チャレンジしよう: Schreiben Sie im vorgegebenen Rahmen einen Aufsatz über ein Thema, das an das Thema des Haupttexts anknüpft.

2. Sprechen & Hören (Dialoge und Präsentationen)

Die Themen der Dialoge und Präsentationen (会話・発表) stehen in Bezug zu denen der Lesetexte. Am Anfang jeder Lektion sind die Ziele und Funktionen der Dialoge und Präsentationen angegeben.

In der ersten Hälfte, den Lektionen 13 bis 18, lernen Sie Dialoge zu dem Zweck, noch bessere zwischenmenschliche Beziehungen herzustellen und reibungslos zu kommunizieren; in der zweiten Hälfte, den Lektionen 19 bis 24, verfeinern Sie Ihre Fähigkeiten, sich in den Situationen Interview, Präsentation, Diskussion, Rede und Vorstellungsgespräch auszudrücken.

1) やってみよう: Bevor Sie mit vorgegebenen Bedingungen die Inhalte der Lektion lernen, sprechen Sie darüber, wie viel Sie davon beherrschen.

2) 聞いてみよう: Nachdem Sie festgestellt haben, welche Personen auftreten und was die wichtigen Punkte beim Zuhören sind, erfassen Sie mit der CD den Inhalt und die verwendeten Ausdrücke.

3) もう一度聞こう: Hören Sie sich die CD noch einmal an und tragen Sie bei _____ ein Stichwort oder einen Ausdruck aus dem Dialog ein.

4) 言ってみよう: Schauen Sie sich die Bilder an und geben Sie den Dialog wieder. Sprechen Sie den Dialog genau so wie auf der CD, wobei Sie auf die Aussprache und die Intonation Acht geben.

5) 練習しよう: Üben Sie entsprechend den vorgegebenen Situationen und kommunikativen Funktionen, Gespräche zu führen; benutzen Sie dabei die Ausdrücke aus den Dialogen aus der jeweiligen Lektion.

6) チャレンジしよう: Hierbei handelt es sich um Übungen zum weiteren Ausbau Ihrer Fähigkeiten. Nutzen Sie die Vorgaben und das Grundgerüst der Dialoge und Präsentationen, die Sie in der jeweiligen Lektion gelernt haben, und sprechen und präsentieren Sie frei.

3. Grammatik & Übungen

Die Beispielsätze in den Überschriften zu „Grammatik & Übungen" sind aus den Haupttexten bzw. Dialogen in „Lesen & Schreiben" und „Sprechen & Hören" entnommen; die Satzmuster sind durch Fettdruck markiert. In allen Lektionen sind die Satzmuster zu „Lesen und Schreiben" und „Sprechen und Hören" nach Inhalten zu „Verständnis" und „Produktion" angeordnet.

Bei den Inhalten zum „Verständnis" lesen Sie erst die Beispielsätze und lernen die Bedeutung bzw. Funktion der Satzmuster kennen, dann wählen Sie aus a. und b. die richtige Antwort aus und überprüfen so, ob Sie die Inhalte verstanden haben.

Bei den Inhalten zur „Produktion" lernen Sie mit den Beispielsätzen die Bedeutung bzw. Funktion der Satzmuster kennen und machen weitere Übungen zum Sprechen und Schreiben.

4. Aufgaben (Wiederholung)

Vergewissern Sie sich, ob die Ziele der jeweiligen Lektion zu „Lesen & Schreiben" und „Sprechen & Hören" erreicht wurden und ob Sie die Satzstrukturen und die Bedeutung und Verwendung des neuen Vokabulars verstanden haben.

1. Hörverständnis

    Hören Sie sich die Dialoge und Präsentationen (auf CD) an, die mit dem Thema und den Funktionen der Lektion in Zusammenhang stehen, und überprüfen Sie, ob Sie die Ausdrücke und den Inhalt erfassen konnten.

2. Leseverständnis

    Hier lesen Sie Texte, die mit dem Thema und den Funktionen der Lektion in Zusammenhang stehen, und überprüfen, ob Sie die Wörter bzw. Ausdrücke und den Inhalt erfassen konnten.

Da für die Aufgaben mit echten Zeitungstexten, Essays etc. gearbeitet wird, beinhalten diese auch Vokabeln und Ausdrücke, die über das Lernniveau der Mittelstufe hinausgehen; nutzen Sie die Sprachkenntnisse und Strategien, die Sie bis dahin aufgebaut haben, und testen Sie Ihre Fähigkeiten! Die Lösungen finden Sie im beiliegenden Anhang.

5. Zusätzliche Grammatik

Diese Punkte ergänzen die grammatikalischen Inhalte, die Sie in den Bänden **Mittelstufe I** und **Mittelstufe II** gelernt haben. Lerner, die über die Mittelstufe hinaus das Niveau der Oberstufe oder japanischer Fachsprache anstreben, können diese Grammatikpunkte als eine zusätzliche Herausforderung sehen.

6. CD （🔊: Zeichen für CD）

Die mit dem entsprechenden Zeichen versehenen Inhalte sind auf der CD aufgenommen.

1) Lesen & Schreiben (読もう)

   Hören Sie sich die Lesetexte an und achten Sie dabei darauf, welche Teile im Text betont werden bzw. ob der Text lediglich heruntergelesen wird, und wie Rhythmus und Tonhöhenakzent verlaufen.

2) Sprechen & Hören (聞いてみよう／もう一度聞こう)

   Da die Aufnahmen echten Gesprächssituationen entsprechen und so Elemente wie Geräusche von Gegenständen, Hintergrundgeräusche oder die verschiedene Entfernung von Stimmen beinhalten, stellen Sie sich die Situation bitte vor, während Sie zuhören.

3) Aufgaben

   Hörverständnis: Hören Sie sich die Dialoge auf der CD an. Antworten Sie entsprechend den gesprochenen Anweisungen.

Ⅱ. *Übersetzungen & Grammatikalische Erklärungen*

Die am Anfang des Lehrbuchs stehenden Abschnitte „Vorwort", „Einleitung", „Für die Lerner", „Auftretende Personen", „Ausdrücke für die Anweisungen" und „Abkürzungen der grammatikalischen Termini" sind hier übersetzt. Unter den „auftretenden Personen" sind neben Charakteren, die Sie aus „Minna no Nihongo Grundstufe" kennen, auch solche, die in **Mittelstufe II** zum ersten Mal in Erscheinung treten. Bitte begrüßen Sie sie als neue Freunde.

1. Neues Vokabular mit Übersetzung

Neues Vokabular, Ausdrücke im Dialog und Eigennamen jeder Lektion stehen in der Reihenfolge, in der sie vorkommen, im Buch.

2. Grammatikalische Erklärungen

Hier werden die Bedeutung bzw. Funktion der in der jeweiligen Lektion unter „Grammatik & Übungen" aufgeführten Satzmuster erklärt. Besonders zu den Inhalten zur „Produktion" gibt es genaue Erklärungen, wodurch den Lernern ermöglicht wird, die Satzmuster tatsächlich beim Sprechen und Schreiben zu benutzen.

3. Zusätzliche Grammatik

Hierbei handelt es sich um ergänzende Inhalte zur Grammatik, die in **Mittelstufe I** und **Mittelstufe II** gelernt wurde.

Wir haben dieses Lehrbuch so konzipiert, dass es Ihre Selbständigkeit im Lernprozess respektiert und auf der Basis dessen, was von der Grundstufe bis zur unteren Mittelstufe gelernt wurde, eine weitere Entwicklung der von Lernern in der Mittelstufe benötigten Fertigkeiten – wie der Fähigkeit, Gelesenes mündlich und schriftlich zusammenzufassen oder ein Manuskript für einen Vortrag zu schreiben – ermöglicht.

Wir hoffen, dass es Ihnen eine Hilfe beim Japanischlernen in der oberen Mittelstufe ist und Ihnen als Sprungbrett zur nächsten Stufe dient.

Ausdrücke für die Anweisungen

		課			課
あらたまった形	formelle Form	14	原因	Ursache	16
あらたまった表現	formeller Ausdruck	16	限定	Begrenzung	*
言い換え	Umschreibung	14	語幹	Stamm	15
意志	Absicht	17	固有名詞	Eigenname	18
意志動詞	Verb, das eine Absicht ausdrückt	22	誘いかけ	Einladung	*
			叱る	tadeln	17
解釈	Interpretation	14	時間名詞	Nomen der Zeit	19
書き言葉	Schriftsprache	15	指示	Anweisung	*
格助詞	Kasuspartikel	18	事実	Tatsache	17
確信	Überzeugung	*	修飾する	näher bestimmen	14
確認	Bestätigung	*	終助詞	Satzschlusspartikel	20
硬い文体	förmlicher Stil	22	主語	Subjekt	22
感覚	Sinneswahrnehmung	14	手段	Mittel	17
感情	Gefühl	*	出現	Eintreten	14
聞き手	Hörer	13	述語	Prädikat	14
帰結	Resultat	13	順接	Satzverbindung	*
希望	Wunsch	17	状況	Sachlage	17
義務	Pflicht	17	条件	Bedingung	*
疑問詞	Fragewort	*	上昇イントネーション	steigende Intonation	17
逆接	adversative Satzverbindung	*	状態	Zustand	14
共感	Mitgefühl	13	状態動詞	Zustandsverb	13
空間名詞	Nomen des Raumes	19	助詞相当の語句	partikelartige Wörter und Ausdrücke	*
くだけた話し言葉	lockere Umgangssprache	13	請求	Bitte/Forderung	16
くだけた表現	lockerer Ausdruck	18	接続語	Verbindungswort	*
継続	Fortdauer	14	接尾語	Suffix	*
形容詞文	Satz mit Prädikatsadjektiv	14	説明	Erklärung	14
			先行文	vorausgehender Satz	15

		課			課
<ruby>選択<rt>せんたく</rt></ruby>	Auswahl	*	<ruby>否定形<rt>ひていけい</rt></ruby>	verneinte Form	18
<ruby>対比<rt>たいひ</rt></ruby>する	gegenüberstellen	*	<ruby>人<rt>ひと</rt></ruby>を<ruby>表<rt>あらわ</rt></ruby>す<ruby>名詞<rt>めいし</rt></ruby>	Nomen, das eine Person beschreibt	21
<ruby>断定<rt>だんてい</rt></ruby>	Urteil	*	<ruby>非難<rt>ひなん</rt></ruby>	Vorwurf	17
<ruby>中止形<rt>ちゅうしけい</rt></ruby>	*Chūshi*-Form	22	<ruby>比喩的<rt>ひゆてき</rt></ruby>	metaphorisch	13
<ruby>付け加える<rt>つけくわ</rt></ruby>	hinzufügen	*	<ruby>複合助詞<rt>ふくごうじょし</rt></ruby>	zusammengesetzte Partikel	*
<ruby>提案<rt>ていあん</rt></ruby>	Vorschlag	*	<ruby>普通形<rt>ふつうけい</rt></ruby>	einfache Form	13
<ruby>定義<rt>ていぎ</rt></ruby>	Definition	14	<ruby>部分的否定<rt>ぶぶんてきひてい</rt></ruby>	teilweise Verneinung	*
<ruby>丁寧形<rt>ていねいけい</rt></ruby>	höfliche Form	17	<ruby>古<rt>ふる</rt></ruby>い<ruby>表現<rt>ひょうげん</rt></ruby>	alter Ausdruck	21
<ruby>丁寧<rt>ていねい</rt></ruby>な<ruby>話<rt>はな</rt></ruby>し<ruby>言葉<rt>ことば</rt></ruby>	höfliche gesprochene Sprache	14	<ruby>文末<rt>ぶんまつ</rt></ruby>	Satzende	13
<ruby>出来事<rt>できごと</rt></ruby>を<ruby>表<rt>あらわ</rt></ruby>す<ruby>名詞<rt>めいし</rt></ruby>	Nomen, das ein Ereignis ausdrückt	16	<ruby>文脈<rt>ぶんみゃく</rt></ruby>	Kontext	14
<ruby>て形<rt>けい</rt></ruby>	て-Form	22	<ruby>補足<rt>ほそく</rt></ruby>	Ergänzung	*
<ruby>転換<rt>てんかん</rt></ruby>	Wechsel	*	<ruby>補足説明<rt>ほそくせつめい</rt></ruby>	zusätzliche Erklärung	13
<ruby>伝聞<rt>でんぶん</rt></ruby>	Hörensagen	15	<ruby>名詞文<rt>めいしぶん</rt></ruby>	Satz mit Prädikatsnomen	14
<ruby>動作動詞<rt>どうさどうし</rt></ruby>	Handlungsverb	13	<ruby>命令<rt>めいれい</rt></ruby>	Befehl	17
<ruby>動作<rt>どうさ</rt></ruby>を<ruby>表<rt>あらわ</rt></ruby>す<ruby>名詞<rt>めいし</rt></ruby>	Handlungsnomen	19	<ruby>要求<rt>ようきゅう</rt></ruby>	Forderung	16
<ruby>認識<rt>にんしき</rt></ruby>	Verständnis, Erkenntnis	14	<ruby>様相<rt>ようそう</rt></ruby>	Aussehen/Anblick	*
<ruby>話<rt>はな</rt></ruby>し<ruby>言葉<rt>ことば</rt></ruby>	gesprochene Sprache	17	<ruby>様態<rt>ようたい</rt></ruby>	Zustand/Aussehen	*
<ruby>話<rt>はな</rt></ruby>し<ruby>手<rt>て</rt></ruby>	Sprecher	13	<ruby>要望<rt>ようぼう</rt></ruby>	Wunsch/Verlangen	16
<ruby>反事実<rt>はんじじつ</rt></ruby>	etwas, das nicht den Tatsachen entspricht	16	<ruby>理由<rt>りゆう</rt></ruby>	Grund	17
<ruby>判断<rt>はんだん</rt></ruby>	Urteil/Einschätzung	14	<ruby>例示<rt>れいじ</rt></ruby>する	durch Beispiele veranschaulichen	*
<ruby>反復<rt>はんぷく</rt></ruby>	Wiederholung	14	<ruby>連体修飾<rt>れんたいしゅうしょく</rt></ruby>	nähere Bestimmung eines Nomens	15
<ruby>非意志動詞<rt>ひいしどうし</rt></ruby>	Verb, das keine Absicht ausdrückt	22			
<ruby>比較<rt>ひかく</rt></ruby>	Vergleich	18			
<ruby>必要<rt>ひつよう</rt></ruby>	Notwendigkeit	19			

* markiert Ausdrücke, die in Teil 3 „Zusätzliche Grammatik" vor Kommen.

Abkürzungen der grammatikalischen Termini

N	Nomen（名詞）
A	Adjektiv（形容詞）
い A	い-Adjektiv（い形容詞）
な A	な-Adjektiv（な形容詞）
V	Verb（動詞）
V ます-Form	Verb ます-Form（動詞ます形）
V Wörterbuchform	Verb Wörterbuchform（動詞辞書形）
V ない-Form	Verb ない-Form（動詞ない形）
V た-Form	Verb た-Form（動詞た形）
V て-Form	Verb て-Form（動詞て形）

Auftretende Personen

マイク・ミラー／ Mike Miller

Amerikaner,
Angestellter bei IMC

中村　秋子／ Nakamura, Akiko

Japanerin,
Sektionsleiterin der
Verkaufsabteilung bei IMC

イルワン／ Ilwan

Türke,
Direktor bei „Osman Teppiche"

山田　一郎／ Yamada, Ichirō

Japaner,
Angestellter bei IMC (Ōsaka)

太郎／ Tarō

Japaner,
Grundschüler
Sohn von Tomoko und Ichirō Yamada

山田　友子／ Yamada, Tomoko

Japanerin,
Bankangestellte

ジョン・ワット／ John Watt

Engländer,
Dozent an der Sakura-Universität

木村　いずみ／ Kimura, Izumi

Japanerin,
Nachrichtensprecherin,
Frau von John Watt

カリナ／ Karina

Indonesierin,
Studentin an der Fuji-Universität

イー・ジンジュ／ Lee Jin Ju

Koreanerin,
Forscherin am AKC

ジャン／ Jean
Franzose,
Student an der Sakura-Universität

小川／ Ogawa
Japaner,
Student an der Sakura-Universität

山口／ Yamaguchi
Japanerin,
Studentin an der Sakura-Universität

張／ Zhang
Chinesin,
Studentin an der Sakura-Universität

森／ Mori
Japaner,
Professor an der Sakura-Universität

ジョゼ・サントス／ Jose Santos
Brasilianer,
Angestellter bei Brazil Air

マリア・サントス／ Maria Santos
Brasilianerin,
Frau von Jose Santos

池田／ Ikeda
Japaner,
Angestellter bei Brazil Air

優太／ Yūta
Japaner,
Sohn von Ikeda und Miranda

ミランダ／ Miranda
Mexikanerin,
Frau von Ikeda

* IMC (Name einer Computersoftwarefirma)

* AKC (Asia Research Institute)

Inhaltsverzeichnis

Vorwort

Einleitung

Für die Lerner

Ausdrücke für die Anweisungen

Abkürzungen der grammatikalischen Termini

Auftretende Personen

Teil I Neue Vokabeln

Lektion 13	2
Lektion 14	10
Lektion 15	18
Lektion 16	25
Lektion 17	33
Lektion 18	40
Lektion 19	45
Lektion 20	52
Lektion 21	60
Lektion 22	67
Lektion 23	76
Lektion 24	83
Zusätzliche Grammatik	90

Teil II Grammatikalische Erklärungen

Lektion 13 ··· 96

読む・書く

1. 〜たて
2. たとえ〜ても
3. 〜たりしない
4. 〜ほど

話す・聞く

5. …んだって？
6. 〜ながら
7. つまり、…という／ってことだ
8. …よね。

Lektion 14 ··· 101

読む・書く

1. 〜際(さい)
2. 〜といった
3. 〜に（も）わたって
4. 〜うちに
5. 〜にとって
6. 〜とは
7. 〜において
8. …わけだ
9. …のではないだろうか

話す・聞く

10. …っけ？
11. 〜げ

Lektion 15 ··· 107

読む・書く

1. …という
2. 〜たびに
3. 〜に関(かん)する
4. …わけではない

5．…のではないか
6．…のだ

話す・聞く

7．…ほどのものじゃない
8．〜だけでなく
9．〜といえば

Lektion 16 113

読む・書く

1．〜に応じる・〜に応じて
2．〜によって
3．〜とみられる
4．…としている
5．〜にもかかわらず
6．…とともに
7．〜たところ

話す・聞く

8．あんまり…から
9．…ところだった
10．〜に限って

Lektion 17 118

読む・書く

1．〜からなる
2．〜としては
3．〜上
4．〜により
5．〜ことから
6．〜ざるを得ない

話す・聞く

7．〜てはじめて
8．〜ったら
9．〜にしては
10．…からには
11．〜でしょ。

Lektion 18 — 123

読む・書く
1. …に違いない
2. 〜に比べて
3. …ものだ・ものではない

話す・聞く
4. 〜た
5. だって、…もの
6. 〜たところで
7. 〜だって
8. 〜こそ

Lektion 19 — 128

読む・書く
1. 〜を対象に
2. 〜ばかりでなく
3. 〜にほかならない
4. 〜を通して
5. 〜から〜にかけて
6. 〜はともかく
7. 〜ためには

話す・聞く
8. 決して〜ない

Lektion 20 — 132

読む・書く
1. 〜のもとで
2. そう
3. …ぞ。
4. …と同時に
5. 〜しかない
6. 〜の末
7. 〜て以来
8. …くらい

話す・聞く

9．～をこめて
10．～ば～だけ
11．～たとたん（に）
12．～からといって

Lektion 21 ... 137

読む・書く

1．～もせずに
2．～といえども
3．よほど～でも
4．いかに～か
5．…とか。
6．～に言わせれば

話す・聞く

7．～に基づいて
8．～と言える
9．一方（で）
10．～に限（かぎ）らず

Lektion 22 ... 141

読む・書く

1．～次第（しだい）だ
2．～をもって…とする
3．～においては
4．～うる
5．…のであろう
6．～と思われる

話す・聞く

7．～としても
8．～（よ）うにも…ない
9．～わりに
10．～べきだ
11．～というより

Lektion 23 — 147

読む・書く

1. 〜に及ぶ
2. …可能性がある
3. この〜
4. 〜上で
5. 〜につれて

話す・聞く

6. 〜ことに
7. 〜恐れのある／がある
8. 〜までもない
9. 〜がきっかけで・〜をきっかけに
10. 〜をはじめ

Lektion 24 — 152

読む・書く

1. 〜ざる〜
2. 〜から〜に至るまで
3. 〜きる
4. 〜ならぬ〜
5. 〜さえ〜ば
6. 〜として〜ない
7. 〜以上（は）
8. 〜ないかぎり
9. 〜わけにはいかない／ゆかない
10. 〜あまり（に）

Lerninhalte — 156

Teil III Zusätzliche Grammatik — 163

Teil I
Neue Vokabeln

Lektion 13

読む・書く

株式会社	かぶしきがいしゃ	Aktiengesellschaft, AG
随筆	ずいひつ	Essay
経過[する]	けいか[する]	Verlauf [verlaufen]
変化[する]	へんか[する]	Veränderung [sich verändern]
心情	しんじょう	Empfindungen, Gefühl
勘違い[する]	かんちがい[する]	Missverständnis, Irrtum [missverstehen, sich irren]
日常[的]	にちじょう[てき]	Alltag [alltäglich]
社交	しゃこう	gesellschaftlicher Umgang
雑談[する]	ざつだん[する]	Geplauder [plaudern]
入園料	にゅうえんりょう	Eintrittsgeld für einen Zoo od. Park
大人	おとな	Erwachsene/-r
小人	しょうにん	Kind, Kleinkind
そのうち		im Laufe der Zeit, mittlerweile
注目[する]	ちゅうもく[する]	Aufmerksamkeit [beachten]
語	ご	Wort, Wörter
思考[する]	しこう[する]	Denken, Gedanke [denken]
問い	とい	Frage
全文	ぜんぶん	der ganze Text
のみこむ		verstehen, begreifen
佃煮	つくだに	*Tsukudani* (in Sojasoße gekochte Meeresfrüchte)
以後	いご	von nun an, später, seitdem
以降	いこう	seit ..., nach ...
以来	いらい	von jetzt an, seit ..., seitdem ...
一体	いったい	denn, nun, was/wer/wo/ ... in aller Welt
四字熟語	よじじゅくご	aus vier Kanji bestehendes Kompositum
熟語	じゅくご	Kompositum
適度[な]	てきど[な]	gemäßigt, in Maßen

いや		nein
いな		nein
適切[な]	てきせつ[な]	angemessen, treffend
一進一退	いっしんいったい	Auf und Ab
試行錯誤	しこうさくご	Versuch und Irrtum
月日	つきひ	Zeit, Tage und Monate
要する	ようする	erforderlich sein, brauchen
ただ		aber, jedoch, allerdings
浮かぶ	うかぶ	in den Sinn kommen
月極／月決め	つきぎめ	monatsweises Abonnement
来日[する]	らいにち[する]	Besuch von Japan [nach Japan kommen]
詰める	つめる	einpacken, hineinstopfen
街	まち	Stadtviertel
看板	かんばん	Aushängeschild
解読[する]	かいどく[する]	Entziffern [entziffern]
出くわす	でくわす	zufällig treffen
パーキング		Parkplatz
頭[〜に付く]	あたま[〜につく]	Anfang, vorne [vorne angefügt werden]
和英辞典	わえいじてん	japanisch-englisches Wörterbuch
辞典	じてん	Wörterbuch
ひょっとして		vielleicht
オーナー		Besitzer/-in
苗字	みょうじ	Familienname
あるいは		oder
ムーン		Mond
エンド		Ende
ネーミング		Benennen
なんとなく		irgendwie
頭に入れる	あたまにいれる	etw. in seinen Kopf bekommen
見慣れる	みなれる	sich an einen Anblick gewöhnen
範囲	はんい	Bereich, Gebiet
広がる	ひろがる	sich ausweiten
横断[する]	おうだん[する]	Durchquerung, Überquerung [durch-/überqueren]

どうやら		wohl, wie es scheint
市場[駐車場〜]	しじょう[ちゅうしゃじょう〜]	Markt, [der Markt für Parkplätze]
独占[する]	どくせん[する]	Monopol [monopolisieren]
一部上場	いちぶじょうじょう	Aufnahme in die Liste der wichtigsten amtlich notierten Unternehmen an der Börse von Tōkyō
上場[する]	じょうじょう[する]	amtlich notieren (an der Börse)
思い込む	おもいこむ	fest glauben, überzeugt sein
突っ走る	つっぱしる	losstürmen, unüberlegt handeln
在日	ざいにち	Ansässigkeit in Japan
とりあえず		erst einmal, vorerst
観光物産館	かんこうぶっさんかん	Tourismus-Zentrum (einer Präfektur)
観光	かんこう	Tourismus
目に入る	めにはいる	in Sicht kommen
国語辞典	こくごじてん	einsprachiges japanisches Wörterbuch
忍ばせる	しのばせる	verstecken, verbergen
〜ごと[月〜]	[つき〜]	alle 〜 , jede/-n/-s 〜 [jeden Monat]
契約[する]	けいやく[する]	[einen] Vertrag [abschließen]
定義[する]	ていぎ[する]	Definition [definieren]
慣用	かんよう	gewöhnlicher Gebrauch
一瞬	いっしゅん	ein Augenblick
パッと		plötzlich
たとえ		wenn auch ..., selbst wenn ...
読み違える	よみちがえる	sich verlesen, falsch lesen
日々	ひび	täglich, tagtäglich
書き入れる	かきいれる	eintragen
かまわない		es macht nichts aus, dürfen
書き留める	かきとめる	notieren, aufschreiben
五月蝿い	うるさい	laut, störend
時雨	しぐれ	leichter Regen im späten Herbst
向日葵	ひまわり	Sonnenblume
流れ[文章の〜]	ながれ[ぶんしょうの〜]	Verlauf [Textverlauf]

話す・聞く

ことわざ		Sprichwort
取り違える	とりちがえる	falsch verstehen; verwechseln, vertauschen
情けは人のためならず	なさけはひとのためならず	Mitgefühl ist nicht nur zum Wohle der anderen.
お好み焼き	おこのみやき	*Okonomiyaki* (eine Art Pfannkuchen, dessen Teig mit beliebigen Zutaten wie Fisch, Fleisch, Gemüse etc. ergänzt werden kann)
話題	わだい	Gesprächsthema
戻す	もどす	zurückbringen/-stellen/-legen
思い違い	おもいちがい	Missverständnis, Irrtum
自分自身	じぶんじしん	selbst (betont)
わいわい		(Lautmalerei für lautes, fröhliches Gespräch von vielen Menschen)
ホームパーティ		Party bei jemandem zu Hause
ぴったり		genau passend
どうにか		irgendwie
直訳[する]	ちょくやく[する]	wörtliche Übersetzung [wörtlich übersetzen]
災い	わざわい	Unglück
遠ざける	とおざける	fern halten
門	かど	Tor, Eingang
福	ふく	Glück
結構[〜多い]	けっこう[〜おおい]	ziemlich [ziemlich viel]
辛党	からとう	Trinker/-in, Alkoholfreund/-in
甘党	あまとう	Freund/-in von Süßem
知ったかぶり	しったかぶり	Vorgabe, etw. zu wissen
一時	いっとき	eine Weile
恥	はじ	Schande, Blamage
関連[する]	かんれん[する]	Zusammenhang [zusammenhängen]
広げる[話を〜]	ひろげる[はなしを〜]	[ein Gespräch] erweitern
ベストセラー		Bestseller
コンパ		geselliges Beisammensein, Fete
共感[する]	きょうかん[する]	Sympathie, Mitgefühl [mitfühlen, Sympathie empfinden]

逆さま[な]	さかさま[な]	umgekehrte Lage, Inversion
言い換える	いいかえる	mit anderen Worten sagen, anders ausdrücken
知り合い	しりあい	Bekannte/-r
石の上にも三年	いしのうえにもさんねん	Ausdauer siegt.
住めば都	すめばみやこ	Zu Hause ist, wo man sich wohl fühlt.
都	みやこ	Hauptstadt
住み慣れる	すみなれる	sich einleben
猿も木から落ちる	さるもきからおちる	Sogar Affen fallen von Bäumen.
木登り	きのぼり	Klettern auf Bäume
〜など		〜 etc.

文法・練習

しぼる		melken
入社[する]	にゅうしゃ[する]	Firmeneintritt [in eine Firma eintreten]
口に出す	くちにだす	äußern, sagen
我慢[する]	がまん[する]	Geduld [haben], [ertragen]
我慢強い	がまんづよい	geduldig
掃除機	そうじき	Staubsauger
ため息	ためいき	Seufzer
あふれる		überquellen/-fließen, so viel sein, dass es nicht mehr hineinpasst
たまる[ごみが〜]		sich ansammeln [Müll sammelt sich an]
受験生	じゅけんせい	Student/-in, der/die sich auf eine (Aufnahme-) Prüfung vorbereitet
都心	としん	Stadtzentrum
双子	ふたご	Zwillinge
世界的[な]	せかいてき[な]	global, weltweit
スター		Star, Topstar
シーズン		Saison
約〜	やく〜	ca. 〜
割	わり	zehn Prozent
休暇	きゅうか	Ferien, Urlaub
いとこ		Cousin/-e
同士[いとこ〜]	どうし	Menschen, die zur Gruppe 〜 gehören [Cousins]; 〜 untereinander

ルーズ[な]		nachlässig, liederlich
売上げ	うりあげ	Umsatz
落ちる[売上げが〜]	おちる[うりあげが〜]	sinken [der Umsatz sinkt]
工学部	こうがくぶ	Fakultät für Ingenieurwissenschaften
入り直す	はいりなおす	sich noch einmal einschreiben
関係[音楽〜]	かんけい[おんがく〜]	Bezug [musikbezogen]
ポテトチップス		Kartoffelchips
インスタント食品	インスタントしょくひん	Instant-Essen
インスタント		Instant-
食品	しょくひん	Lebensmittel
あきる		satt haben

問題

高みの見物	たかみのけんぶつ	neutrales Verhalten, tatenloses Zusehen
気が置けない	きがおけない	nicht gehemmt sein müssen
大家	おおや	Vermieter/-in
言い訳[する]	いいわけ[する]	Ausrede [sich rechtfertigen]
手土産	てみやげ	Mitbringsel, Geschenk (beim Besuch)
あったま、きちゃったな。		Das hat mich wütend gemacht!
〜奴[いい〜]	〜やつ	[guter, netter] Kerl
気にかける	きにかける	sich um jmd./etw. Gedanken machen
気を使う	きをつかう	aufmerksam sein, sich (um andere) sorgen
信用[する]	しんよう[する]	Vertrauen [haben]
付き合う	つきあう	sich anfreunden
数えきれない	かぞえきれない	unzählig
シミュレーション		Simulation
発言[する]	はつげん[する]	Äußerung [äußern]
目にする	めにする	sehen
指摘[する]	してき[する]	Hinweis [hinweisen, aufmerksam machen]
傷つく	きずつく	verletzt werden
不〜[〜愉快]	ふ〜[〜ゆかい]	un〜, nicht〜, a〜 [Unannehmlichkeit]
ふり		Benehmen, Vorgabe
〜心[親切〜]	〜しん[しんせつ〜]	〜 herz, 〜 einstellung [Freundlichkeit]

～性［人間～］	～せい［にんげん～］	～artigkeit, ～lichkeit, ～heit, ～keit, ～ität [Menschlichkeit]
目下	めした	Jüngere/-r, Untergeordnete/-r
なおさら		umso mehr
外部	がいぶ	Außenwelt, Außenseite, außen
クレーム		Reklamation, Beschwerde
何気ない	なにげない	unschuldig, arglos
受け止める	うけとめる	annehmen
案ずるより産むがやすし	あんずるよりうむがやすし	Man sollte sich keine unnötigen Sorgen machen.
反応[する]	はんのう[する]	Reaktion [reagieren]
伝わる	つたわる	übermittelt werden
実行[する]	じっこう[する]	Ausführung, Umsetzung [ausführen, in die Tat umsetzen]
かかる［費用が～］	［ひようが～］	[Geld] kosten

～で思い出したんだけど、……。	bei ～ fällt mir ein, ...
ところで、～ことだけど、…んだって？	Übrigens, wegen ～, ich habe gehört, ...?
	Erweiterung des Gesprächsthemas.
確かに…ことってよくあるよね。	... passiert in der Tat oft, nicht wahr?
	Mit jemandem mitfühlen.
つまり、…ってことです。	Das heißt mit anderen Worten, ...
	Etwas mit anderen Worten sagen.

池袋 (いけぶくろ)	Ikebukuro: Ortsname im Bezirk Toshima in Tōkyō. Mit Endstationen von JR, privaten Bahnlinien und U-Bahn eines der besonders belebten Stadtviertel Tōkyōs.
練馬 (ねりま)	Nerima: einer der 23 Bezirke von Tōkyō. Befindet sich am nordwestlichen Ende des Bezirksgebiets.
上野 (うえの)	Ueno: ein belebtes Stadtviertel und Ausflugsgebiet, das sich im westlichen Teil des Bezirks Taitō in Tōkyō befindet.

月島 <small>つきしま</small>	Tsukishima: Küstengebiet im Bezirk Chūō in Tōkyō. Ein mit Erde und Sand aus der Tōkyō-Bucht aufgeschüttetes Gelände.
青森 <small>あおもり</small>	Aomori: im Norden der Tōhoku-Region, die nördlichste Präfektur von Honshū.
アーサー・ビナード	Arthur Binard: tätig in Japan als Dichter, Haiku-Dichter und Essayist. Amerikaner. 1967-.
大分県 <small>おおいたけん</small>	Präfektur Ōita: eine Präfektur im Nordosten von Kyūshū.

Lektion 14

読む・書く

テレビアニメ		Fernsehzeichentrickfilm
受ける[アニメが〜]	うける	[Zeichentrickfilme] werden angenommen, kommen gut an
解説文	かいせつぶん	erklärender Text
解説[する]	かいせつ[する]	Erklärung [erklären, erläutern]
物事	ものごと	Ding, Sache, Angelegenheit
謎	なぞ	Rätsel
美女	びじょ	schöne Frau, Schönheit
旅	たび	Reise
ストーリーテリング		Geschichtenerzählung
促す	うながす	zu etw. auffordern, anregen
感想	かんそう	Eindruck, Gedanke, Meinung
アニメーション		Animation, Zeichentrickfilm
放映[する]	ほうえい[する]	Ausstrahlung im Fernsehen [ausstrahlen]
シリーズ		Serie
代[1960年〜]	だい[1960ねん〜]	Jahrzehnt [die 60er Jahre]
番組	ばんぐみ	Fernsehsendung
編成[する]	へんせい[する]	Aufstellung [aufstellen, zusammenstellen]
〜際	〜さい	wenn 〜, als 〜
穴埋め	あなうめ	Auffüllen einer Lücke; Lückenfüller
年月	ねんげつ	Jahre
経る	へる	vergehen; verbringen
存在[する]	そんざい[する]	Dasein, Existenz [existieren]
無視[する]	むし[する]	Ignorierung [ignorieren]
語る	かたる	erzählen
作品	さくひん	Werk
原作	げんさく	Originalwerk
支える	ささえる	unterstützen
マンガ家	マンガか	Mangazeichner/-in
層	そう	Schicht

厚さ	あつさ	Dicke
発売[する]	はつばい[する]	Verkauf [auf den Markt bringen]
週刊誌	しゅうかんし	Wochenmagazin
月刊誌	げっかんし	Monatszeitschrift
～誌	～し	～ zeitschrift
種類	しゅるい	Art, Sorte
単行本	たんこうぼん	einzeln erschienenes Buch
新作	しんさく	neues Werk
～部[数千万～]	～ぶ[すうせんまん～]	Exemplare [im zweistelligen Millionenbereich]
ヒット作品	ヒットさくひん	Erfolgsfilm/-buch/-serie etc., Hit
ヒット[する]		[einen] Hit [landen]
エンターテイメント		Unterhaltung
プロ		Profi
～ごとく		so/gleich wie
巨大	きょだい	Riesenhaftigkeit, Gigantismus
競争原理	きょうそうげんり	Wettbewerbsprinzip
原理	げんり	Prinzip
水準	すいじゅん	Niveau
生み出す	うみだす	hervorbringen
～のみ		bloß ～ , nur ～
～さ(おもしろ～)		Suffix zur Nominalisierung von Adjektiven, (Reiz, Witz, das Interessante)
保証[する]	ほしょう[する]	Garantie [garantieren]
過剰[な]	かじょう[な]	Überschuss, Exzess [überschüssig, exzessiv]
ピッチャー		Werfer/-in (im Baseball)
シーン		Szene
秒	びょう	Sekunde
満つ	みつ	voll werden
動作	どうさ	Bewegung, Handlung
主人公	しゅじんこう	Hauptperson, Titelfigur
光景	こうけい	Szene, Anblick
描く	えがく	darstellen, schildern
毎回	まいかい	jedes Mal
直前	ちょくぜん	unmittelbar vor

起こる	おこる	passieren
次週	じしゅう	die nächste/folgende Woche
期待[する]	きたい[する]	Erwartung [erwarten]
テクニック		Technik
手法	しゅほう	Methode
作り上げる	つくりあげる	vollenden, ausarbeiten
ノウハウ		Know-how
夢中	むちゅう	Hingerissenheit, Versunkenheit
蓄積[する]	ちくせき[する]	Ansammlung, Speicherung [ansammeln]
亜流	ありゅう	Epigone, Nachahmer
トップブランド		Top-Marke
別冊	べっさつ	Extraausgabe
激しい	はげしい	heftig, hart
大げさ[な]	おおげさ[な]	übertrieben
～程度	～ていど	Umfang von ～
取り上げる	とりあげる	aufgreifen
状況	じょうきょう	Stand der Dinge, Sachlage
具体例	ぐたいれい	konkretes Beispiel

話す・聞く

昔話	むかしばなし	Sage, Märchen
話し手	はなして	Sprecher/-in
あいづち		zustimmender Kommentar, Rückmeldung beim Zuhören
打つ[あいづちを～]	うつ	[eine passende Bemerkung einwerfen]
銀河	ぎんが	Galaxie
鉄道	てつどう	Eisenbahn
触れる[手に～]	ふれる[てに～]	[die Hand] berühren, anfassen
永遠	えいえん	Ewigkeit
ストーリー		Geschichte
一言	ひとこと	wenige Worte
結末	けつまつ	Ende
コーヒーショップ		Café, Kaffeehaus
ショップ		Laden
映像	えいぞう	Bild

神秘的[な]	しんぴてき[な]	mysteriös, geheimnisvoll
はまる[アニメに～]		nach [Zeichentrickfilmen] süchtig werden, im [Zeichentrickfilm]-Fieber sein
宇宙列車	うちゅうれっしゃ	Weltallzug
列車	れっしゃ	Zug
宇宙船	うちゅうせん	Raumschiff
機械化	きかいか	Mechanisierung
～化	～か	～ ierung, ～ ung
取り残す	とりのこす	zurücklassen
生身	なまみ	lebender Körper, (jemand aus) Fleisch und Blut
彼ら	かれら	sie (plural)
差別[する]	さべつ[する]	Diskriminierung [diskriminieren]
狩猟	しゅりょう	Jagd
犠牲	ぎせい	Opfer
遺言	ゆいごん	Testament, letzter Wille
出遭う / 出会う	であう	begegnen
土星	どせい	Saturn
食堂車	しょくどうしゃ	Speisewagen
血	ち	Blut
通う[血が～]	かよう[ちが～]	[Blut] zirkuliert
幻覚	げんかく	Halluzination
襲う	おそう	plagen, heimsuchen
身	み	man selbst
投げ出す[身を～]	なげだす[みを～]	[sich selbst] opfern
粉々	こなごな	in kleinen Stücken, zerschmettert
ガラス球	がらすだま	Glasperle
球	たま	Kugel, Ball
散る	ちる	sich verteilen, verstreuen
美形	びけい	hübsches Gesicht
鉱山	こうざん	Bergwerk, Mine
閉じ込める	とじこめる	einschließen
知恵	ちえ	Ratschlag, Weisheit
出しあう	だしあう	zusammenlegen
～後[何日～]	～ご[なんにち～]	nach ～ [nach wie vielen Tagen]

ジャングル		Dschungel
兵士	へいし	Soldat/-in
枠組み	わくぐみ	Übersicht
あらすじ		Inhaltsübersicht
場面	ばめん	Schauplatz, Szene

文法・練習

外出[する]	がいしゅつ[する]	Ausgehen [ausgehen]
PC	ピーシー	PC
チェックイン[する]		Einchecken [einchecken]
使用[する]	しよう[する]	Gebrauch, Anwendung [gebrauchen]
ちまき		*Chimaki* (in Bambusblätter eingewickelte *Mochi*)
かしわもち		*Kashiwamochi* (mit süßem Bohnenmus gefüllte und in Eichenblätter gewickelte *Mochi*)
受賞者	じゅしょうしゃ	Preisträger/-in
出身者	しゅっしんしゃ	Absolvent/-in
砂漠	さばく	Wüste
パンダ		Panda
交換[する]	こうかん[する]	Austausch [austauschen]
冷める	さめる	kalt werden
まずい		nicht schmecken
溶ける	とける	schmelzen
睡眠	すいみん	Schlaf
欠く	かく	fehlen
ただの		gewöhnlich, normal
ギョーザ		*Gyōza* (mit Hackfleisch und Gemüse gefüllte Maultaschen)
おふくろ		meine Mutter
重要[な]	じゅうよう[な]	wichtig, wesentlich
両方	りょうほう	beide, beides
立場	たちば	Standpunkt
建設[する]	けんせつ[する]	Bau [bauen]
議論[する]	ぎろん[する]	Diskussion [diskutieren]
ゆれる		wackeln, schwanken

被害	ひがい	Schaden
関係者	かんけいしゃ	Beteiligte/-r
負けるが勝ち	まけるがかち	Eine Schlacht verlieren, um den Krieg zu gewinnen.
得[な]	とく[な]	Profit, Gewinn [vorteilhaft]
外食[する]	がいしょく[する]	auswärtiges Essen [auswärts essen]
ちらし寿司	ちらしずし	*Chirashizushi* (Mischung aus Sushi-Reis und verschiedenen Zutaten in einer Schüssel serviert)
ダイレクトメール		Direct Mail, Werbepost
宣伝[する]	せんでん[する]	Werbung [machen]
郵送[する]	ゆうそう[する]	Postversand [mit der Post senden]
夕刊	ゆうかん	Abendzeitung
発行[する]	はっこう[する]	Herausgabe [herausgeben]
早起きは三文の得	はやおきはさんもんのとく	Morgenstund' hat Gold im Mund.
早起き	はやおき	frühes Aufstehen
自然エネルギー	しぜんエネルギー	erneuerbare Energie
地域社会	ちいきしゃかい	Bezirksgemeinschaft
分析[する]	ぶんせき[する]	Analyse [analysieren]
部署	ぶしょ	Abteilung; Posten
活動[する]	かつどう[する]	Tätigkeit [tätig sein]
ボランティア活動	ボランティアかつどう	ehrenamtliche Tätigkeit
改善[する]	かいぜん[する]	Verbesserung [verbessern]
対策	たいさく	Maßnahme, Gegenmaßnahme
ヨガ		Yoga
ジャズダンス		Jazz-Tanz
マッサージ		Massage
スポーツジム		Sportstudio
～余り[260年～]	～あまり[260ねん～]	(ein wenig) mehr als ～ [(etwas) mehr als 260 Jahre]
ＮＧＯ	エヌジーオー	NGO, Nichtregierungsorganisation
グローバル[な]		global
夏日	なつび	Sommertag
回復[する]	かいふく[する]	Wiederherstellung, Erholung [sich erholen]

住民	じゅうみん	Bewohner/-in, Einwohner/-in
インストール[する]		Installation [installieren]
生産	せいさん	Produktion
野球大会	やきゅうたいかい	Baseballturnier
悔しい	くやしい	bedauerlich, ärgerlich
後ろ姿	うしろすがた	Gestalt von hinten

14 問題

女優	じょゆう	Schauspielerin
演劇	えんげき	Schauspielkunst, Theater
部[演劇～]	ぶ[えんげき～]	[Theater-] Gruppe/Club
成長[する]	せいちょう[する]	Wachstum, Entwicklung [(auf-) wachsen, sich entwickeln]
役	やく	Rolle
最中	さいちゅう	inmitten
非常ベル	ひじょうベル	Alarmklingel
実は	じつは	in Wirklichkeit
活気	かっき	Leben, Lebhaftigkeit
風景	ふうけい	Landschaft; Szenerie
生き生き[する]	いきいき[する]	lebendig, lebhaft [sein]
実写[する]	じっしゃ[する]	Realfilm [real verfilmen]
通り過ぎる	とおりすぎる	vorbeigehen
カップラーメン		Instant-*Rāmen* in einer Plastikschüssel
温泉旅館	おんせんりょかん	*Ryokan* mit heißer Quelle
旅館	りょかん	*Ryokan* (Hotel im japanischen Stil)
オリジナリティー		Originalität
キャラクター		auftretende Person, Figur

主人公(しゅじんこう)は～と(って)いう～。	Der Held ist ein ～ namens ～ .
～っていう話。	Eine Geschichte, in der ～ .

Schlussformel, wenn man eine Geschichte kurz zusammengefasst hat.

…という(って)話、知ってる？	Wusstest du (davon), dass … ?
で、どうなったの？　結局(けっきょく)。	Und, was ist dann letztendlich passiert?

Jemanden dazu auffordern weiterzuerzählen.

『ドラゴンボール』	*Dragon Ball*: jap. Manga und Zeichentrickfilm. Auf der ganzen Welt in verschiedene Sprachen übersetzt und ausgestrahlt.
ディズニー	The Walt Disney Company: amerikanische Filmgesellschaft, die von Walt Disney gegründet wurde.
『銀河鉄道９９９』	*Galaxy Express 999*: jap. Science-Fiction-Manga, Fernsehzeichentrickfilm und Kinozeichentrickfilm.
星野鉄郎	Tetsurō Hoshino: Protagonist in *Galaxy Express 999*.
クレア	Claire: eine in *Galaxy Express 999* auftretende Frau.
アンドロメダ	Andromeda-Nebel
光源氏	Hikaru Genji: Protagonist im *Genji Monogatari* (Die Geschichte vom Prinzen Genji).
『ワンピース（ONE PIECE）』	*One Piece*: jap. Seeabenteuer-Manga und -Zeichentrickfilm für Jungen. Ein Hit nicht nur in Japan, sondern auf der ganzen Welt.
チリ	Chile
『浦島太郎』	*Urashima Tarō*: ein jap. Märchen.
ルーマニア	Rumänien
東ヨーロッパ	Osteuropa
湯川英樹	Hideki Yukawa: theoretischer Physiker. Erhielt 1949 als erster Japaner den Nobelpreis für Physik. 1907-1981.
利根川進	Susumu Tonegawa: Biologe. Erhielt 1987 den Nobelpreis für Physiologie oder Medizin. 1939-.
京都大学	Universität Kyōto
『奇跡の人』	*The Miracle Worker*: Drama, das Helen Keller, die ihre Dreifachbehinderung überwand, und ihre Hauslehrerin, Annie Sullivan, beschreibt.
『ガラスの仮面』	*Maske aus Glas*: jap. Manga für Mädchen.
ヘレン・ケラー	Helen Keller: amerikanische Pädagogin und Unternehmerin für die soziale Wohlfahrt. 1880-1968.
宮崎駿	Hayao Miyazaki: Autor von Zeichentrickfilmen, Regisseur und Manga-Zeichner. 1941-.
『ルパン三世　カリオストロの城』	*Lupin III - Das Schloss des Cagliostro*: einer der Kinofilme zur Zeichentrickfilmserie *Lupin III*.
『崖の上のポニョ』	*Ponyo - Das große Abenteuer am Meer*: abendfüllender Zeichentrickfilm. Eine Produktion des Studio Ghibli (Hayao Miyazaki).
『魔女の宅急便』	*Kikis kleiner Lieferservice*: abendfüllender Zeichentrickfilm. Eine Produktion des Studio Ghibli (Hayao Miyazaki).
『千と千尋の神隠し』	*Chihiros Reise ins Zauberland*: abendfüllender Zeichentrickfilm. Eine Produktion des Studio Ghibli (Hayao Miyazaki).

Lektion 15

読む・書く

説明文	せつめいぶん	Sachtext
右に出る	みぎにでる	jmd. gleich kommen; besser sein als jmd.
切り上げる	きりあげる	abbrechen, Schluss machen
謙遜[する]	けんそん[する]	Bescheidenheit [bescheiden sein]
そこで		daraufhin, daher
行列	ぎょうれつ	Zug, Prozession
横目	よこめ	Seitenblick
動き回る	うごきまわる	herumlaufen, sich bewegen
一見	いっけん	ein flüchtiger Blick
行き来[する]	ゆきき[する]	Kommen und Gehen [kommen und gehen; verkehren]
担ぐ	かつぐ	auf den Schultern/dem Rücken tragen
割合	わりあい	Verhältnis, Prozentsatz
構成[する]	こうせい[する]	Zusammensetzung, Aufbau [zusammensetzen, aufbauen]
新た[な]	あらた[な]	neu, frisch
組織[する]	そしき[する]	Formation, Struktur [formen, bilden]
集団	しゅうだん	Gruppierung, Gruppe
経つ[時間が〜]	たつ[じかんが〜]	[Zeit] vergeht
比率	ひりつ	Verhältnis, Proportion
分担[する]	ぶんたん[する]	Auf-/Verteilung [teilen, aufteilen]
さすがに		in der Tat, wie zu erwarten war
能率	のうりつ	Effektivität
落ちる[能率が〜]	おちる[のうりつが〜]	sinken, abfallen [die Effektivität sinkt]
登場[する]	とうじょう[する]	Auftritt [auftreten]
ご存じ	ごぞんじ	Wissen, Kenntnis (ehrerbietig)
人材	じんざい	menschliche Ressourcen, Talent
スタート[する]		Start [starten]
特命	とくめい	Sonderauftrag

プロジェクト		Projekt
スタープレイヤー		Star-Spieler/-in
プレイヤー		Spieler/-in
チーム		Mannschaft
からめる		an etwas beteiligt sein können, etw. mit einer Sache zu tun haben können
法則	ほうそく	Gesetz, Regel
当たる[法則が〜]	あたる[ほうそくが〜]	zutreffen [das Gesetz trifft zu]
脇役	わきやく	Nebenrolle
脚本	きゃくほん	Drehbuch
偉大	いだい	Größe, Hervorragendsein
脈拍	みゃくはく	Pulsschlag
上がる[脈拍が〜]	あがる[みゃくはくが〜]	steigen [der Puls steigt]
アドレナリン		Adrenalin
徐々に	じょじょに	langsam aber beständig
疲弊[する]	ひへい[する]	Erschöpfung, Kräfteverfall [erschöpft werden]
理想的[な]	りそうてき[な]	ideal
現象	げんしょう	Ereignis, Phänomen
参考資料	さんこうしりょう	Referenzmaterial

話す・聞く

プライベート[な]		privat
示す[興味を〜]	しめす[きょうみを〜]	[Interesse] zeigen
老舗	しにせ	traditionsreiches Geschäft
優れる	すぐれる	übertreffen, überlegen sein
営業マン	えいぎょうマン	Geschäftsmann
太鼓	たいこ	*Taiko* (jap. Trommel)
腕[太鼓の〜]	うで[たいこの〜]	Leistung/Fähigkeit/Talent [im *Taiko*-Spiel]
地元	じもと	lokal, örtlich
取引先	とりひきさき	Kunde/-in, Klient/-in
絨毯	じゅうたん	Teppich
出張所	しゅっちょうじょ	Zweiggeschäft, Zweigstelle
所長	しょちょう	Direktor/-in, Leiter/-in
社名	しゃめい	Firmenname

名	な	Name
織物	おりもの	Gewebe, Webwaren
モダン[な]		modern
市場開拓	しじょうかいたく	Neuerschließung von Märkten
開拓[する]	かいたく[する]	Neuerschließung [erschließen]
きっての		Hervorragendste/-r, Beste/-r
何しろ	なにしろ	schließlich, auf jeden Fall
知識	ちしき	Kenntnis
成果	せいか	Erfolg, Resultat
あげる[成果を〜]	[せいかを〜]	[ein gutes Resultat] erlangen
実	み	Frucht
結ぶ[実を〜]	むすぶ[みを〜]	[Früchte] tragen
魅する	みする	anziehen, locken
磨く[腕を〜]	みがく[うでを〜]	[seine Leistung, Fähigkeiten] verbessern, entwickeln
〜好き[太鼓〜]	〜ずき[たいこ〜]	〜 liebhaber/-in [*Taiko*-Liebhaber/-in]
得意	とくい	Stärke, Geschicklichkeit
顔負け	かおまけ	Beschämung, Verblüffung
リズム		Rhythmus
〜感[リズム〜]	〜かん	〜 gefühl [Rhythmusgefühl]
甘える[お言葉に〜]	あまえる[おことばに〜]	sich die Freundlichkeit eines anderen zunutze machen [auf Ihr freundliches Angebot eingehen]
メンバー		Mitglied
リーダー		Führer/-in
踊り	おどり	Tanz
ブレイクダンス		Breakdance
才能	さいのう	Talent
シェフ		Chefkoch/Chefköchin
好意	こうい	Freundlichkeit
ホームカミングデイ		home coming day (Tag, an dem alle Absolventen von der Universität eingeladen werden)
代々	だいだい	Generationen

実行委員	じっこういいん	Mitglied des Exekutivausschusses
進行[する]	しんこう[する]	Vorwärtskommen [vorankommen]
部下	ぶか	Untergeordnete/-r
後輩	こうはい	jüngere/-r Kommilitonin/Kommilitone, jüngere/-r Kollegin/Kollege

文法・練習

LED電球	エルイーディーでんきゅう	LED-Birne
電球	でんきゅう	Glühbirne
寿命	じゅみょう	Lebensdauer
用いる	もちいる	benutzen
お嬢さん	おじょうさん	Tochter (einer anderen Person)
転職[する]	てんしょく[する]	Berufswechsel [seinen Beruf wechseln]
環境問題	かんきょうもんだい	Unweltproblem
経営[する]	けいえい[する]	Management, Betrieb [betreiben, leiten]
すべて		alles
各国	かっこく	jedes Land, alle Länder
地球温暖化	ちきゅうおんだんか	globale Erwärmung
温暖化	おんだんか	Erwärmung
家族関係	かぞくかんけい	Familienbeziehung
論文	ろんぶん	Abhandlung
題名	だいめい	Titel
ベジタリアン		Vegetarier/-in
選挙[する]	せんきょ[する]	Wahl [wählen]
出る[選挙に〜]	でる[せんきょに〜]	sich [der Wahl] stellen
混乱[する]	こんらん[する]	[in] Unordnung/Durcheinander [geraten]
調整[する]	ちょうせい[する]	Regelung [anpassen, regulieren]
当番	とうばん	Dienst, Schicht
交代[する]	こうたい[する]	Ablösung, Wechsel [jmd. ablösen]
ピアニスト		Pianist/-in
楽器	がっき	Musikinstrument
一家[音楽〜]	いっか[おんがく〜]	[Musiker-] Familie
秘密	ひみつ	Geheimnis
帰国生徒	きこくせいと	Schüler/-in, der/die nach längerer Zeit aus dem Ausland ins Heimatland zurückkehrt

器用[な]	きよう[な]	geschickt
かく[汗を〜]	[あせを〜]	[schwitzen]
注文[する]	ちゅうもん[する]	Bestellung [bestellen]
マナー		Manieren, Benehmen
国民栄誉賞	こくみんえいよしょう	Nationaler Ehrenpreis
栄誉	えいよ	Ehre
信頼[する]	しんらい[する]	Vertrauen [vertrauen, sich verlassen]
思い浮かべる	おもいうかべる	sich erinnern
中年	ちゅうねん	mittleres Alter
提供[する]	ていきょう[する]	Angebot [anbieten, liefern]
展開[する]	てんかい[する]	Entwicklung, Entfaltung [sich entwickeln, entfalten]
走り回る	はしりまわる	herumlaufen, umherlaufen

問題

こうして		auf diese Weise
あっという間	あっというま	ein ganz kurzer Augenblick
支社	ししゃ	Filiale
しみじみ		tief, innig
でかい		groß; übertrieben
つながり[人と人との〜]	[ひととひととの〜]	[menschliche] Beziehung/Verbindung
金儲け	かねもうけ	Gelderwerb
緊急	きんきゅう	Dringlichkeit
共生[する]	きょうせい[する]	Symbiose, Zusammenleben [zusammen leben]
耳にする	みみにする	zu Hören bekommen
共に	ともに	zusammen
利益	りえき	Profit, Gewinn
分かち合う	わかちあう	mit jmd. teilen
ヤドカリ		Einsiedlerkrebs
イソギンチャク		Seeanemone
用語	ようご	Terminus, Fachwort
社会科学	しゃかいかがく	Sozialwissenschaften
分野	ぶんや	Bereich, Gebiet

込める[意味を～]	こめる[いみを～]	[eine Bedeutung] enthalten
乗り越える	のりこえる	überwinden
怠け者	なまけもの	Faulpelz
真面目[な]	まじめ[な]	ernst, gewissenhaft
ナマケモノ		Faultier
ぶら下がる	ぶらさがる	(herab-) hängen
移動[する]	いどう[する]	Fortbewegung [sich fortbewegen]
エネルギー		Energie
ちょうど		genau, exakt
賢い	かしこい	intelligent, klug

～さんの右に出る人はいない。　　　　　　Niemand ist besser als Herr/Frau ～．

そんな大したものじゃありません。　　　　So besonders ist es nicht.

> Bescheidener Ausdruck, wenn man gelobt wird.

いえ、それほどでも。　　　　　　　　　　Aber nein, so gut nun auch nicht.

> Bescheidener Ausdruck, wenn man gelobt wird (hat die Nuance: „Es ist nicht so ～, wie Sie sagen.").

ただ、自分で言うのもなんですが、……。　Aber, wenn ich das so sagen darf, … .

> Vorbemerkung, wenn man etwas anspricht, worauf man stolz ist.

お言葉に甘えて、……。　　　　　　　　　Ich nehme Ihr freundliches Angebot an und … .

> Vorbemerkung, wenn man von jemandem einen Gefallen annimmt.

....

「水戸黄門」　　　　　*Mitokōmon*: Geschichte über Mitsukuni Tokugawa, Feudalherr in Mito, der für soziale Reformen eine Reise durch ganz Japan gemacht hat.

助さん、角さん　　　　Suke-san, Kaku-san: Begleiter von Mitsukuni Mito bei seiner Reise.

うっかり八兵衛　　　　Ukkari Hachibē: eine der Nebenfiguren, die in *Mitokōmon* auftreten.

『ハリー・ポッター』　*Harry Potter*: Jugendliteratur/Fantasyroman der englischen Schriftstellerin J.K. Rowling. Auch verfilmt.

ロン　　　　　　　　　Ron: Freund von Harry.

ハーマイオニー　　　　Hermine: Freundin von Harry.

ネビル・ロングボトム　Neville Longbottom: Zimmergenosse von Harry und Ron.

トルコ	Türkei
イスタンブール	Istanbul
新潟（にいがた）	Niigata: Präfektur im Nordosten der Chūbu-Region auf Honshū, am japanischen Meer gelegen.
佐渡（さど）	Sado: Insel in der Präfektur Niigata.
鬼太鼓（おんでこ）	*Ondeko*: traditionelles Trommeln auf der Insel Sado. Wird bei Zeremonien in Shinto-Schreinen aufgeführt, um böse Geister auszutreiben, um für florierenden Handel oder eine reiche Ernte zu beten.
佐渡（さど）おけさ	*Sadookesa*: Volkslied von Sado.
マイケル・ジャクソン	Michael Jackson: amerikanischer Pop-Sänger. 1958-2009.
欧米（おうべい）	Europa und Amerika, der Westen
徳島（とくしま）	Tokushima: Präfektur im Osten von Shikoku.
阿波踊り（あわおど）	*Awa*-Tanz: *Bon*-Tanz in Tokushima.
サンバ	Samba: brasilianische Volkstanzmusik.

Lektion 16

読む・書く

個人情報	こじんじょうほう	persönliche Information
流出[する]	りゅうしゅつ[する]	Ausfließen [ausfließen, nach Außen dringen]
新聞記事	しんぶんきじ	Zeitungsartikel
社会面	しゃかいめん	Nachrichten aus der Gesellschaft (Seite 3 japanischer Tageszeitungen)
概要	がいよう	Abriss, Übersicht
すばやい		schnell, rasch
事実[～関係]	じじつ[～かんけい]	Tatsache [Tatsachenbestand]
不幸[な]	ふこう[な]	Unglück [unglücklich]
幸い	さいわい	Glück
苦い[～体験]	にがい[～たいけん]	bitter [bittere Erfahrung]
慰める	なぐさめる	trösten
～づける[元気～]	[げんき～]	～ geben [aufmuntern]
カード[会員～]	[かいいん～]	[Mitglieds-] Karte
漏れる	もれる	bekannt werden, durchsickern
通信[する]	つうしん[する]	Kommunikation, Korrespondenz, [kommunizieren, Nachricht geben]
販売[する]	はんばい[する]	Verkauf [verkaufen]
同社	どうしゃ	die genannte Firma
加入[する]	かにゅう[する]	Beitritt [beitreten]
可能性	かのうせい	Möglichkeit
実態	じったい	wahre Lage, wirklicher Stand
氏名	しめい	Vor- und Zuname
預金[～口座]	よきん[～こうざ]	Guthaben [Sparkonto]
口座	こうざ	Konto
職業	しょくぎょう	Beruf
生年月日	せいねんがっぴ	Geburtsdatum
項目	こうもく	Eintrag, Punkt
及ぶ	およぶ	reichen, sich erstrecken

上旬	じょうじゅん	die ersten zehn Tage eines Monats
覚え[身に〜がない]	おぼえ[みに〜がない]	Gedächtnis, Erinnerung [mit etw. nichts zu tun haben]
未払い[金]	みはらい[きん]	unbezahlt [Zahlungsrückstand]
請求書	せいきゅうしょ	Rechnung
請求[する]	せいきゅう[する]	Forderung [fordern]
判明[する]	はんめい[する]	Klarwerden [sich herausstellen]
同様[な]	どうよう[な]	gleich, gleichartig
〜件	〜けん	Zähleinheitssuffix für Angelegenheiten, Fälle, Sachen etc.
寄せる	よせる	senden, mitteilen
既に	すでに	zuvor, bereits
応じる	おうじる	antworten, entsprechen
支払い	しはらい	Bezahlung
情報管理	じょうほうかんり	Informationsmanagement
管理[する]	かんり[する]	Verwaltung [verwalten]
事態	じたい	Sachlage, Sachverhalt
遺憾	いかん	Bedauern
コンピューターシステム		Computersystem
システム		System
トラブル		Schwierigkeit, Problem
内部	ないぶ	Inneres
ないし		oder
引き出す	ひきだす	herausziehen
流失	りゅうしつ	Diebstahl
面[システム〜]	めん	Aspekt, Hinsicht [das System betreffend]
進める[調査を〜]	すすめる[ちょうさを〜]	[eine Untersuchung] vorantreiben
求める	もとめる	um etw. bitten
おわび		Entschuldigung
書面	しょめん	Schreiben, Brief
更新[する]	こうしん[する]	Erneuerung [erneuern]
早急[な]	さっきゅう[な]	Dringlichkeit [dringlich, dringend]
講ずる	こうずる	ergreifen
被害者	ひがいしゃ	Betroffene/-r, Geschädigte/-r

有料[～サイト]	ゆうりょう	Gebührenpflicht [gebührenpflichtige Webseite]
サイト		Webseite
受け取る	うけとる	empfangen
請求金額	せいきゅうきんがく	Rechnungsbetrag
指定[する]	してい[する]	Bestimmung [bestimmen, angeben]
振り込む	ふりこむ	einzahlen
だます		betrügen, täuschen
不審[に]	ふしん[に]	Zweifel, Misstrauen [zweifelhaft, verdächtig]
懸命[な]	けんめい[な]	Eifer, Fleiß [eifrig, fleißig]
何者	なにもの	wer
犯行	はんこう	Verbrechen
知人	ちじん	Bekannte/-r
日付	ひづけ	Datum
タウンニュース		Stadtanzeiger
要素	ようそ	Element
原稿	げんこう	Manuskript
見出し	みだし	Überschrift, Schlagzeile

話す・聞く

滑らす	すべらす	ausrutschen, etw. rutschen lassen
捻挫[する]	ねんざ[する]	Verstauchung [sich etw. verstauchen]
後悔[する]	こうかい[する]	Reue [bereuen]
落ち込む	おちこむ	sich schlecht fühlen, niedergeschlagen werden
転倒[する]	てんとう[する]	Umfallen [umfallen]
言い表す	いいあらわす	ausdrücken
ハンドル		Lenker
切り損ねる	きりそこねる	den Lenker verreißen
ひっくり返る	ひっくりかえる	umstürzen, umfallen
人身事故	じんしんじこ	Unfall mit Personenschaden
起こす[事故を～]	おこす[じこを～]	[einen Unfall] verursachen
危うく	あやうく	fast, beinahe
左折[する]	させつ[する]	Linksabbiegen [nach links abbiegen]
飛び出す	とびだす	hervorschießen
切る[ハンドルを～]	きる	lenken [das Steuer betätigen, lenken]

スリップ[する]		Rutschen [rutschen]
ひざ		Knie
ライト		Licht
カバー		Scheinwerfergehäuse
はねる[人を〜]	[ひとを〜]	[eine Person] anfahren
頭[が]痛い	あたま[が]いたい	sich den Kopf zerbrechen
くよくよ[する]		besorgt [sein], gramvoll [sich grämen, Trübsal blasen]
おごる		einen ausgeben, jmd. einladen
締切[日]	しめきり[び]	letzter Termin [Abschlusstermin]
よそ見	よそみ	zerstreutes Herumblicken, Wegschauen
右手	みぎて	rechte Hand
離す[目を〜]	はなす[めを〜]	[seinen Blick] abwenden
誤る	あやまる	sich irren, einen Fehler machen
入力[する]	にゅうりょく[する]	Eingabe [eingeben]
プリントアウト[する]		Ausdruck [ausdrucken]
俺	おれ	ich (männlich)
バカ		Dummkopf, Idiot
やり直し	やりなおし	Nocheinmalmachen, Wiederholung
油	あぶら	Öl
ひっくり返す	ひっくりかえす	umwerfen
マット		Matte
べとべと		ölig, klebrig
つく[火が〜]	[ひが〜]	angehen [angezündet werden]
見方	みかた	Sichtweise
骨折[する]	こっせつ[する]	Knochenbruch [sich einen Knochen brechen]
うまくいく		gut laufen
まいる		geschlagen werden, verlieren
まいったなあ		Ich gebe auf. / Ich bin am Ende.
ひどい		schlimm

文法・練習

開発[する]	かいはつ[する]	Entwicklung [etw. entwickeln]
要求[する]	ようきゅう[する]	Forderung [fordern]

改める	あらためる	erneuern, prüfen
従う	したがう	(be-) folgen
急激[な]	きゅうげき[な]	plötzlich, schlagartig
ＡＴＭ	エーティーエム	Geldautomat
とどまる		sich beschränken
少子高齢化	しょうしこうれいか	Sinken der Geburtenrate und Überalterung der Gesellschaft
高齢化	こうれいか	Altern
活力	かつりょく	Lebenskraft
業界	ぎょうかい	Branche
需要	じゅよう	Nachfrage
新人	しんじん	Neuling
挑戦[する]	ちょうせん[する]	[sich einer] Herausforderung [stellen]
消費税	しょうひぜい	Mehrwertsteuer
少子化	しょうしか	Sinken der Geburtenrate
備える	そなえる	sich vorbereiten
カリキュラム		Lehrplan
見直す	みなおす	überprüfen, noch einmal ansehen
年末	ねんまつ	Jahresende
時期	じき	Zeit, Saison
予測[する]	よそく[する]	Vorausberechnung [vorausberechnen]
避難[する]	ひなん[する]	Evakuierung [vor etw. Zuflucht suchen]
予算	よさん	Etat, Budget
突然	とつぜん	plötzlich
訪問[する]	ほうもん[する]	Besuch [besuchen]
歓迎[する]	かんげい[する]	Willkommen [willkommen heißen]
決勝戦	けっしょうせん	Endspiel
～戦	～せん	～ spiel, ～ wettbewerb
出場[する]	しゅつじょう[する]	Teilnahme [teilnehmen]
上達[する]	じょうたつ[する]	Fortschritte [machen]
高齢	こうれい	hohes Alter
当然	とうぜん	selbstverständlich
気配	けはい	Zeichen, Anschein
長期	ちょうき	lange Zeit, lange Frist

16

追う	おう	verfolgen, jagen
住人	じゅうにん	Bewohner/-in
呼びかける	よびかける	appellieren, zu etw. aufrufen
立ち上げる	たちあげる	einrichten
高速道路	こうそくどうろ	Schnellstraße, Autobahn
無料化	むりょうか	Wechsel zu gebührenfreiem System
引き下げる	ひきさげる	senken
オリンピック		Olympischen Spiele
出場権	しゅつじょうけん	(Teilnahme-) Qualifikation
〜権	〜けん	〜 recht, 〜 qualifikation
手にする	てにする	in die Hand bekommen, erlangen
身分証明書	みぶんしょうめいしょ	Personalausweis
身分	みぶん	Identität, soziale Stellung
証明書	しょうめいしょ	Ausweis, Bescheinigung
不要[な]	ふよう[な]	Unnötigkeit [unnötig]
問い合わせる	といあわせる	sich erkundigen
ネット		Internet
満席	まんせき	voll besetzt, ausverkauft
提出[する]	ていしゅつ[する]	Einreichung [einreichen]
電気料金	でんきりょうきん	Stromgebühren
〜料金	〜りょうきん	〜 gebühren
思わず	おもわず	ohne es zu wollen, unwillkürlich
燃え移る	もえうつる	übergreifen (Feuer)
左手	ひだりて	die linke Hand, der linke Arm
すとんと〜		mit einem Plumps, plumps
必死[に]	ひっし[に]	Verzweiflung [verzweifelt, aus Leibeskräften]
ひっぱり上げる	ひっぱりあげる	hochzerren
無事	ぶじ	Sicherheit, Wohlbehaltenheit
引き上げる	ひきあげる	hochziehen
きょとんと〜		verblüfft
たった		nur, bloß
占い	うらない	Wahrsagen

問題

リストラ[する]		Umstrukturierung, Personalabbau [durchführen]
契約社員	けいやくしゃいん	Vertragsangestellte/-r
安定[する]	あんてい[する]	Stabilisierung [sich stabilisieren]
まさか		Das kann nicht wahr sein!
気分転換	きぶんてんかん	Abwechslung
チャンス		Chance
ウェブサイト		Webseite
不正使用	ふせいしよう	unrechtmäßige Verwendung, Missbrauch
被害額	ひがいがく	Schadensumme
額[被害～]	がく[ひがい～]	[Schaden-] summe
当たり[一人～]	あたり[ひとり～]	pro [Person]
金銭	きんせん	Geld
失う	うしなう	verlieren
在住[する]	ざいじゅう[する]	Ansässigsein [ansässig sein, wohnen]
フリーメール		kostenlose E-Mail
不明	ふめい	Unklarheit
送信[する]	そうしん[する]	Senden [senden]
創作[する]	そうさく[する]	Schöpfung, Schaffung [schaffen]
築く	きずく	aufbauen
強盗	ごうとう	Raubüberfall
出国[する]	しゅっこく[する]	Ausreise [ausreisen]
宛[友人～]	あて[ゆうじん～]	adressiert an [einen Freund]
帳[アドレス～]	ちょう	[Adress-] buch
売買[する]	ばいばい[する]	Kauf und Verkauf [handeln]
大量	たいりょう	große Menge
捕まる	つかまる	verhaftet werden

あーあ。～ばよかった。	Ach, ich hätte ～ sollen.
	Ausdruck des Bedauerns.
泣きたい気分だよ。	Mir ist zum Weinen zumute.
	Jemandem mitteilen, dass man niedergeschlagen ist.

くよくよしないで。	Gräm dich nicht!

Ausdruck des Trostes.

…だけでもよかったじゃない。不幸中の幸いだよ。	Es ist doch gut, dass zumindest … . Das ist Glück im Unglück!

Man tröstet jemanden, indem man den Punkt nennt, bei dem man in dem unglücklichen Ereignis Glück hatte.

…たと思えば〜じゃないですか。	Wäre es nicht 〜 , wenn Sie es so betrachten, dass … ?

Man tröstet jemanden, indem man ihn darauf hinweist, dass auch schlechte Situationen positiv erscheinen, wenn man seine Sichtweise ändert.

ものは考えようですよ。	Alles hängt von der Sichtweise ab!

Ausdruck des Trostes.

東南アジア	Südostasien
メジャーリーグ	Major League: nordamerikanische Profi-Baseballliga, die von Mannschaften aus Amerika und Kanada gebildet wird.
東京スカイツリー	Tokyo Skytree: Fernsehturm im Sumida-Bezirk in Tōkyō. Wurde 2012 als Ersatz für den Tokyo Tower eröffnet. Mit einer Höhe von 634 Metern ist er der höchste Turm der Welt.
ダイアン吉日	Diane Kichijitsu: *Rakugo*-Geschichtenerzählerin aus England.
マドリード	Madrid

Lektion 17

読む・書く

暦	こよみ	Kalender
お兄ちゃん	おにいちゃん	großer Junge
呼称	こしょう	Bezeichnung
スタイル		Stil
太陽暦	たいようれき	Sonnenkalender
太陰暦	たいいんれき	Mondkalender
太陰太陽暦	たいいんたいようれき	Lunisolarkalender (gebundener Mondkalender)
まつわる		betreffen, sich beziehen auf etw.
本来	ほんらい	ursprünglich
タコ		Oktopus
八角形	はっかっけい	Achteck
不備	ふび	Unvollkommenheit, Mangel
補う	おぎなう	ergänzen, wettmachen
呼び名	よびな	Rufname, Name
ずれる		sich verschieben
改暦[する]	かいれき[する]	Kalenderreform [eine Kalenderreform durchführen]
新暦	しんれき	neuer Kalender
旧暦	きゅうれき	alter Kalender
別	べつ	etw. Zusätzliches
睦月	むつき	erster Monat im Mondkalender
如月	きさらぎ	zweiter Monat im Mondkalender
弥生	やよい	dritter Monat im Mondkalender
木の葉	このは	Blatt, Laub
転じる	てんじる	sich ändern
葉月	はづき	achter Monat im Mondkalender
長月	ながつき	neunter Monat im Mondkalender
名づける	なづける	nennen

立春	りっしゅん	Frühlingsanfang
初旬	しょじゅん	Anfang eines Monats
生じる	しょうじる	entstehen
長年	ながねん	lange Jahre
慣れ親しむ	なれしたしむ	eng vertraut werden
切り替える	きりかえる	wechseln, auf etw. umstellen
体制	たいせい	Struktur, System
人心	じんしん	Volksstimmung
一新[する]	いっしん[する]	Erneuerung, Neugestaltung [erneuern, verändern]
閏年	うるうどし	Schaltjahr
抱える[問題を〜]	かかえる[もんだいを〜]	[ein Problem] haben
会計	かいけい	Buchhaltung, Finanzen
年度	ねんど	(Finanz-/Haushalts-/Steuer-) Jahr
西洋	せいよう	westliche Welt
ならう		nachahmen, kopieren
一定	いってい	Standard, Festlegung
諸〜[〜外国]	しょ〜[〜がいこく]	verschiedene [Länder]
実施[する]	じっし[する]	Ausführung [ausführen, in Kraft setzen]
唐突[な]	とうとつ[な]	plötzlich, überraschend
戸惑う	とまどう	verwirrt sein
真の	しんの	wahr, wirklich, echt
ねらい		Ziel, Absicht
当時	とうじ	zu jener Zeit, damals
支出[する]	ししゅつ[する]	Ausgabe [ausgeben]
占める	しめる	einnehmen
人件費	じんけんひ	Personalkosten
費[人件〜]	ひ[じんけん〜]	[Personal-] kosten
不足[する]	ふそく[する]	Mangel [mangeln]
新制度	しんせいど	neues System
導入[する]	どうにゅう[する]	Einführung [einführen]
役人	やくにん	Beamte/Beamtin
補充[する]	ほじゅう[する]	Ergänzung [ergänzen]
財政難	ざいせいなん	finanzielle Schwierigkeiten

財政	ざいせい	Finanzen
難［財政〜］	なん［ざいせい〜］	[finanzielle] Schwierigkeiten/Probleme
新政権	しんせいけん	neue Regierung
政権	せいけん	Regierung, politische Macht
翌日	よくじつ	der nächste Tag
決断［する］	けつだん［する］	[einen] Entschluss [fassen]
翌年	よくねん	das nächste Jahr
計〜	けい〜	insgesamt 〜
回避［する］	かいひ［する］	Ausweichen, Umgehen [ausweichen, umgehen]
もくろむ		planen, beabsichtigen
作成［する］	さくせい［する］	Anfertigung [anfertigen]
報告［する］	ほうこく［する］	Bericht [berichten]

話す・聞く

歓談［する］	かんだん［する］	ungezwungenes Gespräch [sich ungezwungen unterhalten]
節分	せつぶん	Vorfrühlingsanfang (3. oder 4. Februar nach dem heutigen Kalender)
行事	ぎょうじ	Ereignis, Fest, Veranstaltung
リビングルーム		Wohnzimmer
ご無沙汰［する］	ごぶさた［する］	langes Schweigen, langes Nicht-Besuchen [lange nicht besuchen/schreiben]
お久しぶり	おひさしぶり	Lange nicht gesehen!
口に合う	くちにあう	nach jmd. Geschmack sein
邪魔［する］	じゃま［する］	Störung, Belästigung [stören]
おかまい		Umstände
おいで		Komm her!
早いもんだよ。	はやいもんだよ。	Wie die Zeit vergeht!
お面	おめん	Maske
まく［豆を〜］	［まめを〜］	[Sojabohnen] ausstreuen
追い払う	おいはらう	vertreiben, verjagen
今どき	いまどき	heutzutage
よっぽど／よほど		bei weitem
四季	しき	die vier Jahreszeiten

折々[四季〜]	おりおり[しき〜]	zur jeweiligen Zeit [zur jeweiligen Jahreszeit]
おじさん(子どもに向かっての)	(こどもにむかっての)	Onkel (als Selbstbezeichnung gegenüber Kindern)
ユース		Jugend
抜く[人を〜]	ぬく[ひとを〜]	[eine Person] abhängen
展示品	てんじひん	Ausstellungsstück
親子	おやこ	Eltern und Kind/-er
かける[声を〜]	[こえを〜]	[ansprechen]
水族館	すいぞくかん	Aquarium
〜連れ	〜づれ	mit 〜
母親	ははおや	Mutter
リレー		Staffellauf
ひな祭り	ひなまつり	Puppenfest, Mädchenfest (3. März)
ひな人形	ひなにんぎょう	Puppe für das Puppenfest
身近	みぢか	Nähe von jmd.

文法・練習

都道府県	とどうふけん	die japanischen Präfekturen
著者	ちょしゃ	Verfasser/-in, Autor/-in
クッキー		Plätzchen
恋愛[する]	れんあい[する]	Liebe, [sich verlieben, lieben]
冒険	ぼうけん	Abenteuer
好む	このむ	bevorzugen, mögen
地方	ちほう	Gegend
特産品	とくさんひん	regionale Spezialität
玉ねぎ	たまねぎ	Zwiebel
じゃがいも		Kartoffel
盛ん[な]	さかん[な]	erfolgreich, florierend
移す	うつす	verlegen
コスト		Kosten
出口調査	でぐちちょうさ	Befragung der ein Wahllokal verlassenden Wähler
生活習慣病	せいかつしゅうかんびょう	Zivilisationskrankheit
おぼれる		ertrinken

複数	ふくすう	Vielzahl, Mehrzahl
足跡	あしあと	Fußspur
頂上	ちょうじょう	Gipfel
吹雪	ふぶき	Schneesturm
遭う[吹雪に〜]	あう[ふぶきに〜]	[in einen Schneesturm] geraten
引き返す	ひきかえす	umkehren
予想[する]	よそう[する]	Annahme, Voraussage, Schätzung [annehmen, voraussehen, schätzen]
はるかに		bei weitem, erheblich
イベント		Veranstaltung
納得[する]	なっとく[する]	Einsicht, Einwilligung [einsehen, einwilligen]
方針	ほうしん	Grundsatz, Richtlinie
新入生	しんにゅうせい	neue/-r Student/-in, neue/-r Schüler/-in
持つ[子どもを〜]	もつ[こどもを〜]	[ein Kind] haben
ありがたい		dankenswert, dankwürdig
稼ぐ	かせぐ	verdienen
あきれる		sprachlos sein
素人	しろうと	Laie, Amateur/-in
相当[な]	そうとう[な]	ansehnlich, beträchtlich
独学[する]	どくがく[する]	Selbststudium [autodidaktisch lernen]
基準	きじゅん	Norm
照らす	てらす	vergleichen
新入社員	しんにゅうしゃいん	Neuangestellte/-r
応対[する]	おうたい[する]	Empfang, Umgang [empfangen, umgehen]
学位	がくい	akademischer Grad
負けず嫌い	まけずぎらい	Unnachgiebigkeit, Ehrgeiz
しっかり		selbständig, tapfer
バイオリン		Geige
着替える	きがえる	sich umziehen

問題

しゃくりあげる		schluchzen
甘えん坊	あまえんぼう	Muttersöhnchen, unselbständiges, verwöhntes Kind

鉦	かね	schalenförmige/-r Glocke/Gong
ルーツ		Wurzeln
古代	こだい	Altertum
王国	おうこく	Königreich
天文	てんもん	Astronomie
学者	がくしゃ	Gelehrte/-r
観測[する]	かんそく[する]	Beobachtung [beobachten]
水星	すいせい	Merkur
金星	きんせい	Venus
火星	かせい	Mars
木星	もくせい	Jupiter
支配[する]	しはい[する]	Kontrolle, Herrschaft [kontrollieren, beherrschen]
特定[する]	とくてい[する]	Identifizierung, Bestimmung [spezifizieren, bestimmen]
割り振る	わりふる	zuweisen, zuteilen
並び順	ならびじゅん	Reihenfolge, Anordnung
端午の節句	たんごのせっく	Knabenfest (5. Mai)
節句	せっく	Jahreszeitenfest
武者人形	むしゃにんぎょう	Kriegerpuppe
鯉のぼり	こいのぼり	Karpfen-Fahne (Windsack in Karpfengestalt; wird beim Knabenfest am 5.5. gehisst)
鯉	こい	Karpfen
伝説	でんせつ	Legende
流れ[川の〜]	ながれ[かわの〜]	[Fluss-] Lauf
滝	たき	Wasserfall
逆らう	さからう	gegen etw. schwimmen
光り輝く	ひかりかがやく	(schön) funkeln, glänzen
竜	りゅう	Drache
変身[する]	へんしん[する]	Verwandlung [sich verwandeln]
昇る[天に〜]	のぼる[てんに〜]	[zum Himmel] aufsteigen
困難	こんなん	Schwierigkeit
立ち向かう	たちむかう	kämpfen, entgegentreten

生まれる[鯉のぼりが～]	うまれる[こいのぼりが～]	entstehen [die Karpfen-Fahne entsteht]

古代ローマ（こだい～）	das antike Rom
明治時代（めいじじだい）	Meiji-Zeit
ペレ	Pelé: Ex-Fußballprofi aus Brasilien. Wird auch „König der Fußballspieler" genannt. 1940-.
『ポケモン』	*Pokemon*: Titel eines Zeichentrickfilms (*Pocket Monster*)
ハワイ	Hawaii
ＮＨＫ	Nippon Hōsō Kyōkai: staatlicher japanischer Fernsehsender.
天神祭（てんじんまつり）	Tenjin-Fest: besonders das Tenman-Tenjin-Fest in Ōsaka ist berühmt. Eines der drei größten Feste Japans.
バビロニア	Babylonien

Lektion 18

読む・書く

鉛筆削り	えんぴつけずり	Bleistiftspitzer
幸運	こううん	Glück
登場人物	とうじょうじんぶつ	auftretende Personen
内[心の〜]	うち[こころの〜]	Inneres [des Herzens]
解釈[する]	かいしゃく[する]	Interpretation [interpretieren]
山[本の〜]	やま[ほんの〜]	[Bücher-] Berg
言い返す	いいかえす	widerreden, widersprechen
修復[する]	しゅうふく[する]	Wiederherstellung [wiederherstellen]
おそらく		wahrscheinlich, vermutlich
薄汚い	うすぎたない	angeschmutzt
ぴかぴか[な]		glitzernd, glänzend
新品	しんぴん	neuer Artikel
手に入れる	てにいれる	in die Hände bekommen
ざらに		überall
目をとめる	めをとめる	seine Aufmerksamkeit richten
しょうゆさし		Sojasoßenkännchen
食塩	しょくえん	Speisesalz
流し台	ながしだい	Spüle
排水パイプ	はいすいパイプ	Abflussrohr
排水	はいすい	Abfluss, Abwasser
修理屋	しゅうりや	Installateur/-in, Handwerker/-in
ちらちら		immer wieder kurz, flüchtig
マニアック		Verrückte/-r, Fanatiker/-in
コレクター		Sammler/-in
知る由もない	しるよしもない	keine Mittel haben, etw. herauszufinden/zu wissen
鋭い	するどい	scharf
視線	しせん	Blick
走らす[視線を〜]	はしらす[しせんを〜]	[seinen Blick] umherschweifen lassen

見当	けんとう	Schätzung
つく [見当が〜]	[けんとうが〜]	[ein Vorgefühl, eine Ahnung] haben
雑然	ざつぜん	Unordnung, Durcheinander
ちらばる		sich zerstreuen, sich verteilen
手に取る	てにとる	in die Hand nehmen
ごく		sehr, äußerst
あたりまえ		selbstverständlich
手動式	しゅどうしき	Handbetrieb
何ひとつない	なにひとつない	es gibt gar nichts.
金属	きんぞく	Metall
錆びつく	さびつく	verrosten
錆びる	さびる	rosten
てっぺん		oberster Teil, Oberseite
シール		Aufkleber
要するに	ようするに	um es kurz zu sagen
刃	は	Klinge, Schneide
かみあわせ		Abstimmung
タイプ		Typ
削りかす	けずりかす	Spitzerabfall
微妙 [に]	びみょう [に]	Feinheit [fein]
最新式	さいしんしき	neuester Typ
持ち歩く	もちあるく	mit sich tragen
超〜 [〜短篇小説]	ちょう〜 [〜たんぺんしょうせつ]	Super〜, Ultra〜 [kurze Kurzgeschichte]
短編小説	たんぺんしょうせつ	Kurzgeschichte
意外 [な]	いがい [な]	unerwartet, überraschend
満足 [する]	まんぞく [する]	Zufriedenheit [zufrieden sein]
価値観	かちかん	Wertvorstellung
異なる	ことなる	abweichen, sich unterscheiden
行為	こうい	Tat, Handlung
シナリオ		Drehbuch
角度	かくど	Blickwinkel
うらやましい		beneidenswert, neidisch
じっと		still, regungslos, fest

| 見つめる | みつめる | anstarren, unverwandt ansehen |

話す・聞く

いらいら[する]		gereizt, ungeduldig [werden]
気に入る	きにいる	gefallen
仲直り[する]	なかなおり[する]	Versöhnung [sich versöhnen]
不満	ふまん	Unzufriedenheit
非難[する]	ひなん[する]	Vorwurf [kritisieren, Vorwürfe machen]
皮肉	ひにく	Ironie
ワイングラス		Weinglas
捜し物	さがしもの	Suche, Gesuchtes
しょっちゅう		dauernd, ständig
欠ける[カップが〜]	かける	angeschlagen werden [eine Tasse wird angeschlagen]
しまい込む	しまいこむ	einräumen, wegräumen
だって		weil, aber, hör mal
新婚	しんこん	frisch verheiratet
思い出	おもいで	Erinnerung
思い切る	おもいきる	sich entschließen
そもそも		im Grunde genommen, überhaupt
とる[場所を〜]	[ばしょを〜]	[Platz] wegnehmen
栓	せん	Korken
抜く[栓を〜]	ぬく[せんを〜]	[den Korken] ziehen
平気[な]	へいき[な]	gelassen, gleichgültig, ungerührt
おまけに		als Zugabe, darüber hinaus
気がない	きがない	keine Lust haben
そんなに		so, so sehr, so viel
中断[する]	ちゅうだん[する]	Unterbrechung [unterbrechen]
のぞく		gucken, einen Blick werfen
シェアハウス		Hauswohngemeinschaft, WG
散らかす	ちらかす	verstreuen, in Unordnung bringen
乱雑	らんざつ	Unordnung, Durcheinander

文法・練習

| 監督 | かんとく | Regisseur/-in |

持ち主	もちぬし	Besitzer/-in
きく[口を～]	[くちを～]	[sprechen, reden]
跳ぶ	とぶ	springen
推測[する]	すいそく[する]	Mutmaßung [mutmaßen]
花嫁	はなよめ	Braut
かなう		sich verwirklichen
不平	ふへい	Unzufriedenheit
活躍[する]	かつやく[する]	energische Tätigkeit, große Aktivität [tätig sein, eine aktive Rolle spielen]
基礎	きそ	Grundlage
置く[本屋に～]	おく[ほんやに～]	[im Buchladen] dahaben, auf Lager haben
維持[する]	いじ[する]	Instandhaltung, Aufrechterhaltung [aufrechterhalten]
おしゃれ		schick, stilvoll
コミュニケーション		Kommunikation
ふさわしい		angemessen, geeignet, würdig

問題

出し忘れる	だしわすれる	vergessen 'rauszustellen
素直[な]	すなお[な]	gehorsam, folgsam, ohne Widerstand
癖	くせ	Gewohnheit, Angewohnheit
ずっと(ずうっと)		dauernd, die ganze Zeit
いわば		sozusagen
咳払い	せきばらい	Räuspern
昨夜	さくや	letzte Nacht
ものすごい		schrecklich, furchtbar, außergewöhnlich
試す	ためす	probieren, versuchen
励ます	はげます	ermutigen, aufmuntern
超える	こえる	übersteigen, übertreffen
口癖	くちぐせ	zur Gewohnheit gewordene Redeweise
習得[する]	しゅうとく[する]	Lernen, Meistern [lernen, meistern]
味方	みかた	Freund, Beistand

しょっちゅう…ね。	Immer machst du … .
	Man drückt seinen Ärger über etwas aus, das der Gesprächspartner immer tut.
…んじゃない？	Das ist doch / Du könntest doch …, oder?
だいたい〜は…んだ。	Und überhaupt, 〜 ist/sind doch … .
	Man gibt Beispiele für das, worüber man sich beim Gegenüber ärgert.
そんなに言わなくたっていいじゃない。	Du brauchst dich nicht so ranzuhalten, oder?
	Ausdruck, den man benutzt, wenn man dagegenhält, nachdem sich jemand über einen beschwert hat.
お互いさまなんじゃない？	Da sind wir doch beide gleich, oder?
	Man drückt aus, dass der Gesprächspartner sich auch falsch verhalten hat.
ごめん。…ちょっと言い過ぎたみたいだね。	Tut mir Leid. … Ich glaub', ich habe ein bisschen übertrieben.
	Ausdruck, wenn man sich entschuldigt, um einen Streit zu beenden.
私こそ、〜て、ごめん。	Ich sollte mich entschuldigen, weil ich …
	Ausdruck, mit dem man, wenn das Gegenüber sich entschuldigt hat, zugibt, dass man selbst auch einen Fehler gemacht hat.

渡辺 昇 (わたなべのぼる)	Noboru Watanabe: eine auftretende Person in einer kurzen Kurzgeschichte des Schriftstellers Haruki Murakami.
『鉄腕アトム』(てつわん)	*Tetsuwan Atom* (*Astro Boy*): SF-Manga und Fernsehzeichentrickfilm von Osamu Tezuka (1928-1989).

Lektion 19

読む・書く

ロボットコンテスト		Roboter-Wettbewerb
ものづくり		Herstellung (von Geräten, Gebrauchsgütern etc.)
人づくり	ひとづくり	Ausbildung von Talenten
評価[する]	ひょうか[する]	Bewertung [bewerten]
提言[する]	ていげん[する]	dargelegte Meinung, Vorschlag [seine Meinung darlegen, vorschlagen]
的確[な]	てきかく[な]	genau, exakt
把握[する]	はあく[する]	Ergreifen, Erfassen [ergreifen, erfassen]
自慢話	じまんばなし	Angeberei
まとまる		eine zusammenhängende Form annehmen
集まり	あつまり	Treffen, Versammlung
即席	そくせき	Improvisation
取り組む	とりくむ	sich auseinandersetzen
やりとげる		vollenden, zu Ende bringen
産業用ロボット	さんぎょうようロボット	Industrieroboter
無人探査ロボット	むじんたんさロボット	unbemannter Sondierungsroboter
ペットロボット		Haustierroboter
介護ロボット	かいごロボット	Pflegeroboter
介護[する]	かいご[する]	Pflege [pflegen]
効果	こうか	Effekt, Wirkung
箇所	かしょ	Stelle
先頭	せんとう	Anfang
第〜[〜一]	だい〜[〜いち]	(Präfix zur Bildung von Ordinalzahlen) [der/die/das erste]
結びつく	むすびつく	anschließen, mit etw. verbunden werden
提唱[する]	ていしょう[する]	Vorschlag, Befürwortung [vorschlagen, befürworten]
普及[する]	ふきゅう[する]	Ausbreitung [sich ausbreiten]
努める	つとめる	sich bemühen
課題	かだい	Aufgabe
達成[する]	たっせい[する]	Erreichen [erreichen]

製作[する]	せいさく[する]	Herstellung [herstellen, bauen]
競技[する]	きょうぎ[する]	Wettkampf, Wettbewerb [einen Wettkampf bestreiten, wetteifern]
高専	こうせん	Fachoberschule
さて		nun
向上[する]	こうじょう[する]	Anstieg, Verbesserung [sich verbessern]
たんに		nur, bloß
削る	けずる	feilen, hobeln
欠ける	かける	fehlen, mangeln
創造[する]	そうぞう[する]	Schöpfung, Erschaffung [erschaffen]
添付[する]	てんぷ[する]	Beilage, Anlage [beilegen]
単純[な]	たんじゅん[な]	einfach, schlicht
独創[力]	どくそう[りょく]	Originalität [Kreativität]
養う	やしなう	entwickeln
達成感	たっせいかん	das Gefühl, etw. erreicht zu haben
身につく	みにつく	erworben/angeeignet werden
活用[する]	かつよう[する]	Nutzanwendung [praktisch gebrauchen, nützlich anwenden]
経費	けいひ	Unkosten, Kosten
節約[する]	せつやく[する]	Sparsamkeit, Einsparung [sparsam sein, einsparen]
廃品	はいひん	Abfall, Ausschuss
廃材	はいざい	nicht mehr verwendetes Material
前〜[〜年度]	ぜん〜[〜ねんど]	ehemalig, vorhergehend [das vorangegangene (Geschäfts-) Jahr]
分解[する]	ぶんかい[する]	Demontage [demontieren]
再利用[する]	さいりよう[する]	Wiederverwendung [wieder verwenden]
車輪	しゃりん	Wagenrad
用紙	ようし	Papier
ガムテープ		Paketband
巻く	まく	einwickeln, umwickeln
芯	しん	Kern, leere Rolle
発泡ゴム	はっぽうゴム	Schaumgummi
ゴム		Gummi
ヤスリ		Feile
かける[ヤスリを〜]		[feilen]

仕上げる	しあげる	fertig machen, fertig stellen
部品	ぶひん	Zubehör, Komponente
生命	せいめい	Leben, Seele
入る[生命が〜]	はいる[せいめいが〜]	[Leben] erhalten, eingehaucht bekommen
分身	ぶんしん	zweites Ich, das eigene Kind
ふるまい		Benehmen
おだやか[な]		still, ruhig, friedlich
チームワーク		Teamwork, Zusammenarbeit
組む[チームを〜]	くむ	[eine Gruppe] bilden
トーナメント		Turnier
精神的[な]	せいしんてき[な]	geistig, seelisch
登校[する]	とうこう[する]	Schulbesuch [zur Schule gehen]
拒否[する]	きょひ[する]	Ablehnung, Verweigerung [ablehnen, verweigern]
下校[する]	げこう[する]	Heimkehr von der Schule [von der Schule heimkehren]
標語	ひょうご	Slogan, Motto
特効薬	とっこうやく	Spezialmedikament
例外	れいがい	Ausnahme
広まる[世界中に〜]	ひろまる[せかいじゅうに〜]	sich [auf der ganzen Welt] verbreiten

話す・聞く

入会[する]	にゅうかい[する]	Beitritt, Eintritt [Mitglied werden]
自己紹介	じこしょうかい	Selbstvorstellung
アピール[する]		[sich anpreisen, sich von seiner besten Seite zeigen]
役者	やくしゃ	Schauspieler/-in
新入部員	しんにゅうぶいん	Neumitglied eines Clubs
部員	ぶいん	Mitglied eines Clubs
部活動	ぶかつどう	Clubaktivität
役立てる	やくだてる	nutzen
入部[する]	にゅうぶ[する]	Eintritt in einen Club [Clubmitglied werden]
ささやか[な]		klein, bescheiden
〜祭	〜さい	〜 fest
伝統	でんとう	Tradition
誇り	ほこり	Stolz, Ruhm

受け継ぐ	うけつぐ	nachfolgen, übernehmen
バトン		Staffelstab
舞台	ぶたい	Bühne
舞台装置	ぶたいそうち	Bühnenausstattung
装置	そうち	Vorrichtung, Einrichtung
衣装	いしょう	Kostüm
華やか[な]	はなやか[な]	prächtig, herrlich
覚悟[する]	かくご[する]	Bereitschaft, Gefasstheit [sich auf etw. gefasst machen]
ありきたり[の]		normal, gewöhnlich
時計回り	とけいまわり	Rotation im Uhrzeigersinn
タイヤ		Reifen
ストッパー		Stopper
筋肉	きんにく	Muskel
モーター		Motor
生かす	いかす	nutzbringend anwenden, etw. aus etw. machen
万年〜	まんねん〜	ewig unveränderliche/-s/-r 〜
補欠	ほけつ	Ersatzmann
レギュラー		Stammspieler/-in
いわゆる		so genannt
ボール拾い	ボールひろい	Balljunge/-mädchen
下積み	したづみ	(jmd.) am unteren Ende der Leiter/Gesellschaft
サークル		AG (an einer Schule, Uni etc.)
小噺	こばなし	lustige Geschichte (im *Rakugo*)
喜劇	きげき	Komödie
ユニーク[な]		einmalig, einzigartig
揃う	そろう	sich versammeln
引き継ぐ	ひきつぐ	nachfolgen, übernehmen
引き締める	ひきしめる	sich zusammennehmen
披露[する]	ひろう[する]	Präsentation [präsentieren]
準決勝	じゅんけっしょう	Halbfinale
電卓	でんたく	Taschenrechner
空想	くうそう	Phantasie, Vorstellung
こもる		sich einschließen
引きこもり	ひきこもり	Rückzug aus der Gesellschaft
コンパス		Kompass

手放す	てばなす	loslassen, aufgeben
方向音痴	ほうこうおんち	keinen Orientierungssinn haben
ナビゲーター		Navigationssystem
かゆい所に手が届く	かゆいところにてがとどく	aufmerksam sein, alle Wünsche erfüllen, allen Bedürfnissen entsprechen
お人よし	おひとよし	gutmütiger Kerl, Einfaltpinsel
警察官	けいさつかん	Polizist/-in
詐欺	さぎ	Betrug
防ぐ	ふせぐ	verhüten, vorbeugen

文法・練習

幼児	ようじ	Kleinkind
流行[する]	りゅうこう[する]	[in] Mode [kommen]
おもに		hauptsächlich, vor allem
反抗[する]	はんこう[する]	Widerstand, Ungehorsam [sich widersetzen, trotzen]
甘い[管理体制が〜]	あまい[かんりたいせいが〜]	nachlässig [das Kontrollsystem ist nachlässig]
難民キャンプ	なんみんキャンプ	Flüchtlingslager
医療活動	いりょうかつどう	ärztliche Tätigkeit
医療	いりょう	ärztliche Behandlung
使命[感]	しめい[かん]	Beruf, Mission [Gefühl der Berufung]
定年	ていねん	Dienstaltersgrenze, Pensionsalter
受賞[する]	じゅしょう[する]	Preisempfang [einen Preis empfangen]
物理	ぶつり	Physik
道[物理の〜]	みち[ぶつりの〜]	Weg [als Physiker/-in]
行儀作法	ぎょうぎさほう	Manieren und Etikette
行儀	ぎょうぎ	Manieren
作法	さほう	Etikette, Sitte
和	わ	Harmonie, Friede
深まる[理解が〜]	ふかまる[りかいが〜]	tiefer werden [ein tieferes Verständnis bekommen]
身につける	みにつける	erwerben, sich aneignen
取り戻す	とりもどす	zurückbekommen, wiedererlangen
〜号[台風〜]	〜ごう[たいふう〜]	Nummer 〜 [Taifun Nummer 〜]
上陸[する]	じょうりく[する]	Landung [landen, das Land erreichen]
見込み	みこみ	Aussicht, Annahme, Vorhersage

セツブンソウ		Shibateranthis pinnatifida (Pflanze aus der Familie der Hahnenfußgewächse)
分布[する]	ぶんぷ[する]	Verbreitung, Vorkommen [vorkommen]
通勤[ラッシュ]	つうきん	Anfahrt zur Arbeit [Berufsverkehr, Stoßzeit]
桜前線	さくらぜんせん	Frontlinie der Kirschblüte
〜前線[桜〜]	〜ぜんせん[さくら〜]	〜 front [Frontlinie der Kirschblüte]
日本列島	にほんれっとう	japanische Inselkette
北上[する]	ほくじょう[する]	Bewegung nach Norden [sich nach Norden bewegen]
梅雨	つゆ	Regenzeit
見た目	みため	Aussehen
評判	ひょうばん	Ruf, Ansehen
国家試験	こっかしけん	Staatsexamen
気が合う	きがあう	gut miteinander auskommen, auf der gleichen Wellenlänge sein
赤字	あかじ	rote Zahlen
常に	つねに	immer, stets
思い起こす	おもいおこす	sich erinnern, zurückdenken
〜ごと[中身〜]	[なかみ〜]	mitsamt [dem Inhalt]
ポピュラー[な]		populär

問題

担任	たんにん	Klassenlehrer/-in
保護者会	ほごしゃかい	Elternversammlung
学期[新〜]	がっき[しん〜]	[neues] Semester
飼育[する]	しいく[する]	Zucht [züchten]
一体感	いったいかん	Einheitsgefühl
無用[な]	むよう[な]	etw. Unnötiges [nutzlos, unnötig]
後ろ向き	うしろむき	rückwärts gewandt, negativ
前向き	まえむき	vorwärts gewandt, positiv
ゆだん[する]		Unachtsamkeit, Nachlässigkeit [unaufmerksam sein]
初回	しょかい	das erste Inning (im Baseball)
得点	とくてん	Punkt
興奮[する]	こうふん[する]	Aufregung [aufgeregt werden]
チームメイト		Mannschaftskamerad/-in
以前	いぜん	früher, einst

掃く	はく	fegen, kehren
清掃[する]	せいそう[する]	Reinigung [reinigen]
廃品回収	はいひんかいしゅう	Abfallverwertung
回収[する]	かいしゅう[する]	Einziehen, Einsammeln [einziehen, einsammeln]
電化[する]	でんか[する]	Elektrifizierung [elektrifizieren]
個別	こべつ	einzeln
豆腐	とうふ	Tofu
手元	てもと	Hände
そうっと／そっと		sanft, vorsichtig
扱う	あつかう	behandeln, umgehen
未～[～経験]	み～[～けいけん]	Un～, noch nicht～ [Unerfahrenheit]
体験[する]	たいけん[する]	Erlebnis [erleben, erfahren]
自信	じしん	Selbstvertrauen
力[生きる～]	ちから[いきる～]	Kraft [zum Leben]
サポート[する]		Unterstützung [unterstützen]
敵	てき	Gegner/-in
状態	じょうたい	Situation, Lage
走りこむ	はしりこむ	hineinlaufen
パスコース		Zuspielweg
パス		Pass, Zuspiel
シュート[する]		Schuss [schießen]

| ちょっと自慢話になりますが、……。 | Es ist ein wenig angeberisch, das zu sagen, aber … |

> Einleitender Ausdruck, um sich selbst zu empfehlen.

| ～の経験を～に生かせたらいいなと思います。 | Es wäre schön, wenn ich meine Erfahrung in ～ bei ～ nutzen könnte. |
| いわゆる～です。 | Es ist ein/-e sogenannte/-r/-s ～. |

> Neuformulierung der vorangegangenen Erklärung mit einem allgemein gebräuchlichen Ausdruck.

森政弘 (もりまさひろ)	Masahiro Mori: der führende Experte im Bereich der Robotik in Japan. 1927-.
スペイン風邪 (かぜ)	Spanische Grippe: Grippe, die sich vom Sommer bis zum Herbst 1918 weltweit ausgebreitet hat.
ゴビ砂漠 (さばく)	die Wüste Gobi

Lektion 20

読む・書く

尺八	しゃくはち	*Shakuhachi* [jap. Längsflöte aus Bambus mit fünf Löchern]
理解[する]	りかい[する]	Verständnis [verstehen]
文化面[新聞の〜]	ぶんかめん[しんぶんの〜]	Kulturseite [einer Zeitung]
プロフィール		Profil
取る[相撲を〜]	とる[すもうを〜]	[Sumo] ringen
手順	てじゅん	Vorgehen, Ablauf
管楽器	かんがっき	Blasinstrument
邦楽	ほうがく	japanische Musik
笙	しょう	*Shō* (Mundorgel der jap. Hofmusik)
琴	こと	*Koto* (jap. Saiteninstrument)
三味線	しゃみせん	*Shamisen* (dreisaitige jap. Spießlaute mit langem Hals und kleinem Resonanzkörper)
小鼓	こつづみ	*Kotsuzumi* (kleine Handtrommel; in der *Nō*- und *Nagauta*-Musik)
民族[音楽]	みんぞく[おんがく]	Volk [-smusik]
奏者	そうしゃ	Spieler/-in (eines Musikinstruments)
授かる[号を〜]	さずかる[ごうを〜]	[einen künstlernamen] bekommen, verliehen bekommen
内外[国の〜]	ないがい[くにの〜]	innen und außen [In- und Ausland]
古典	こてん	Klassiker
修業[する]	しゅぎょう[する]	Schulung, Training [sich ausbilden lassen]
自ら	みずから	selbst, selber
半生	はんせい	das halbe Leben
著書	ちょしょ	Werk, Buch
音色	ねいろ	Klangfarbe
ノンフィクション		Sach- oder Fachbuch, Non-Fiction
〜賞	〜しょう	〜 Preis
アフロヘアー		Afrofrisur

もと[宗家の〜]	[そうけの〜]	unter, bei [beim Oberhaupt]
初心者	しょしんしゃ	Anfänger/-in
厄介[な]	やっかい[な]	umständlich, mühsam
トロンボーン		Posaune
フルート		Flöte
吹く	ふく	spielen (Blasinstrument)
あっさり		einfach, leicht
出す[音を〜]	だす[おとを〜]	[Töne] erzeugen
〜そのもの		〜 an sich
在り方	ありかた	Wesen, Zustand
進級[する]	しんきゅう[する]	Beförderung [befördert werden]
重視[する]	じゅうし[する]	Beimessen von Wichtigkeit [für wichtig halten]
疑問	ぎもん	Zweifel, Frage
持つ[疑問を〜]	もつ[ぎもんを〜]	[Zweifel] hegen
徹底的[な]	てっていてき[な]	gründlich, vollständig
愛好者	あいこうしゃ	Liebhaber/-in, Fan
初演[する]	しょえん[する]	Premiere [uraufführen]
〜人口[尺八〜]	〜じんこう[しゃくはち〜]	〜 spielende Bevölkerung [*Shakuhachi*-Spieler]
急速[な]	きゅうそく[な]	schnell, rasch
増加[する]	ぞうか[する]	Zunahme, Anwachsen [zunehmen, anwachsen]
いやし		(emotionale) Heilung
古臭い	ふるくさい	altmodisch
斬新[な]	ざんしん[な]	neu, noch nie da gewesen, neuartig
先入観	せんにゅうかん	vorgefasste Meinung, Vorurteil
接する	せっする	in Berührung kommen, erleben
主張[する]	しゅちょう[する]	Behauptung [behaupten]
財産	ざいさん	Vermögen
国籍	こくせき	Nationalität
目の色	めのいろ	Augenfarbe
すんなり		glatt, ohne Probleme
宝	たから	Schatz
含める	ふくめる	einschließen
伝統文化	でんとうぶんか	traditionelle Kultur
イラスト		Illustration

レイアウト		Layout, Gestaltung
工夫[する]	くふう[する]	gründliches Überlegen, Idee [erfinden, ausdenken, sich etw. einfallen lassen]

話す・聞く

主催[する]	しゅさい[する]	Schirmherrschaft [veranstalten, leiten]
部門	ぶもん	Sektor, Gebiet
最～[～優秀賞]	さい～[～ゆうしゅうしょう]	best ～, höchst ～ [Preis für den Besten]
広報[～誌]	こうほう[～し]	Information, öffentliche Auskunft [Informations-/Werbebroschüre]
掲載[する]	けいさい[する]	Veröffentlichung [veröffentlichen]
初対面	しょたいめん	erste Begegnung, erstes Treffen
終える	おえる	beenden, abschließen
十両	じゅうりょう	*Jūryō* (Sumoringer der zweiten Riege)
相撲部屋	すもうべや	Sumo-Stall
抱負	ほうふ	Ziel, Ambition, Vorsatz, Vorhaben
機関誌	きかんし	Mitteilungsorgan
光栄	こうえい	Ehre
実家	じっか	Elternhaus, Geburtshaus
ジュニア		Junior, Jugend
世界選手権大会	せかいせんしゅけんたいかい	Weltmeisterschaft
入門[する]	にゅうもん[する]	Eintritt in eine Schule [Schüler/-in werden]
初土俵	はつどひょう	Debüt als Sumoringer
わずか[な]		knapp, gerade einmal
関取	せきとり	*Sekitori* (Sumoringer oberhalb des *Jūryō*-Ranges)
順風満帆	じゅんぷうまんぱん	günstiger Wind und volle Segel
上がる[十両に～]	あがる[じゅうりょうに～]	[zum *Jūryō*] aufsteigen
命日	めいにち	Todestag
昇進[する]	しょうしん[する]	Beförderung [befördert werden]
知らせ	しらせ	Mitteilung, Nachricht
さぞ		sicherlich, bestimmt

離れる[故郷を〜]	はなれる[こきょうを〜]	[seine Heimat] verlassen
特殊[な]	とくしゅ[な]	spezifisch, besonders, speziell
ちゃんこ鍋	ちゃんこなべ	Eintopf der Sumoringer
わがまま[な]		Eigensinn [eigensinnig]
納豆	なっとう	*Nattō* (Lebensmittel aus vergorenen Sojabohnen)
いける		essen können
四股名	しこな	Kampfname eines Sumoringers
力強い	ちからづよい	kräftig, stark
響き	ひびき	Klang
ニックネーム		Spitzname
師匠	ししょう	Lehrer/-in, Meister/-in
力士	りきし	Sumoringer
生まれ変わる	うまれかわる	wiedergeboren werden
慣習	かんしゅう	Brauch, Sitte
報いる	むくいる	belohnen
応援[する]	おうえん[する]	Unterstützung, Beistand [unterstützen, beistehen]
さらなる		mehr, noch mehr, immer mehr
貴重[な]	きちょう[な]	wertvoll, kostbar
経営者	けいえいしゃ	Geschäftsführer/-in
手作り	てづくり	Handarbeit
医師	いし	Arzt/Ärztin
ドキュメンタリー		Dokumentation
姿	すがた	Aussehen, Erscheinung
頼る	たよる	sich auf etw. verlassen
寄り添う	よりそう	nah bei jmd. sein
余暇	よか	Freizeit
まとめる[内容を〜]	[ないようを〜]	[den Inhalt] zusammenfassen

文法・練習

共同	きょうどう	Zusammenarbeit
田植え	たうえ	das Reispflanzen
毒ヘビ	どくへび	Giftschlange

毒	どく	Gift
ホッとする		erleichtert sein
腹が立つ	はらがたつ	wütend werden
演奏家	えんそうか	Berufsmusiker/-in
国立大学	こくりつだいがく	staatliche Universität
私立大学	しりつだいがく	private Universität
経済的[な]	けいざいてき[な]	finanziell
学費	がくひ	Studiengebühren
進学[する]	しんがく[する]	Wechsel auf eine höhere Schule [auf die nächsthöhere Schule gehen]
失業[する]	しつぎょう[する]	Arbeitslosigkeit [arbeitslos werden]
悩む	なやむ	sich den Kopf zerbrechen, sich Sorgen machen
引退[する]	いんたい[する]	Rücktritt [zurücktreten]
渡り歩く	わたりあるく	herumwandern, durchlaufen
ようやく		endlich
長時間	ちょうじかん	lange Zeit, viele Stunden
一致[する]	いっち[する]	Übereinstimmung [übereinstimmen]
延長戦	えんちょうせん	Verlängerung der Spielzeit
延長[する]	えんちょう[する]	Verlängerung [verlängern]
交渉[する]	こうしょう[する]	Verhandlung [verhandeln]
アップ[する]		Erhöhung [erhöhen]
愛犬	あいけん	Schoßhund
とうとう		schließlich, endlich
母校	ぼこう	jmds. alte Schule
偽物	にせもの	Fälschung
重い[病気が〜]	おもい[びょうきが〜]	[eine] schwer [-e Krankheit haben]
湧き起こる	わきおこる	aufwallen, ausbrechen
柔らかい[頭が〜]	やわらかい[あたまが〜]	[gedanklich] flexibel
子猫	こねこ	Kätzchen
持ち出す	もちだす	anschneiden
拍手[する]	はくしゅ[する]	Applaus [klatschen]
民主主義	みんしゅしゅぎ	Demokratie
運動神経	うんどうしんけい	sportliche Fähigkeiten
一流	いちりゅう	erster Rang

問題

商品開発	しょうひんかいはつ	Produktentwicklung
アイス		Eiscreme
原材料	げんざいりょう	Zutat
試作品	しさくひん	Vesuchstyp, Muster
失敗作	しっぱいさく	Flop, missratenes Werk
企業秘密	きぎょうひみつ	Geschäftsgeheimnis
ヒント		Tipp, Hinweis
待ち遠しい	まちどおしい	gespannt erwartet, ungeduldig erwartet
ハープ		Harfe
優雅[な]	ゆうが[な]	anmutig, elegant, zart
奏でる	かなでる	spielen, musizieren
背丈	せたけ	Körpergröße
枠	わく	Rahmen
張る[弦を〜]	はる[げんを〜]	[eine Saite] spannen
親指	おやゆび	Daumen
はじく		schnippen, zupfen
上半身	じょうはんしん	Oberkörper
揺らす	ゆらす	etw. schaukeln, schwingen
掛け合い	かけあい	Wechselspiel
リード[する]		Führung [führen]
現地	げんち	lokal, vor Ort
付け根	つけね	Gelenk, Wurzel
痛む	いたむ	schmerzen
本場	ほんば	echt, original, unverfälscht
雰囲気	ふんいき	Stimmung, Atmosphäre
ふと		zufälligerweise
格好良い	かっこ[う]よい	cool, toll
ほれ込む	ほれこむ	sich schwer verlieben
拍子	ひょうし／〜びょうし	Takt
同時進行[する]	どうじしんこう[する]	simultaner Verlauf [simultan ablaufen]
番組制作	ばんぐみせいさく	Fernsehsendungsproduktion
同時	どうじ	gleiche Zeit

ラテン音楽	ラテンおんがく	lateinamerikanische Musik
渡る［現地に〜］	わたる［げんちに〜］	[an den Ort des Geschehens] übersiedeln
夜明け	よあけ	Tagesanbruch
即興演奏	そっきょうえんそう	Improvisation (Musik)
即興	そっきょう	Improvisation
バンド		Band
加わる	くわわる	beitreten, mitmachen
持ち味	もちあじ	charakteristische Qualität
武者修行	むしゃしゅぎょう	Ausbildung des Ritters durch Wanderjahre
各地	かくち	jeder Ort, jede Gegend, überall
刻む	きざむ	eingravieren, einmeißeln
自腹を切る	じばらをきる	aus eigener Tasche bezahlen
独立［する］	どくりつ［する］	Unabhängigkeit [unabhängig werden]
交じる	まじる	sich mischen
感激［する］	かんげき［する］	Begeisterung, Ergriffenheit [tief beeindruckt sein]
自作	じさく	eigenes Werk
がらくた		Kram, Grümpel
大型	おおがた	groß, großformatig
空き缶	あきかん	leere Büchse, leere Blechdose
バネ		Feder, Spiralfeder
弦楽器	げんがっき	Saiteninstrument
エコー		Echo
説得［する］	せっとく［する］	Überreden, überzeugen [überreden, überzeugen]
素材	そざい	Stoff, Material

お忙しいところ、お時間をいただきありがとうございます。〜と申します。	Vielen Dank, dass Sie sich die Zeit nehmen (, wo Sie so beschäftigt sind). Mein Name ist 〜.

Zum Beginn eines Interviews benutzt.

〜に紹介させていただきたいと思います。	Ich würde gerne über Sie in 〜 schreiben.
まず、伺いたいんですが、……。	Als Erstes würde ich Sie gerne fragen, ...
それにしても、……。	Auf jeden Fall ... .

何か一言(ひとこと)お願(ねが)いできますでしょうか。	Könnte ich Sie darum bitten, ein paar Worte zu sagen?
ますますのご活躍(かつやく)を期待(きたい)しております。	Ich wünsche Ihnen für die Zukunft weiter viel Erfolg. (wörtl. Ich hoffe, dass Sie eine immer größere Rolle spielen werden.)

Schlussformel in Interviews.

....

クリストファー遥盟(ようめい)	Christopher Yōmei: Volksmusikforscher und Spieler von *Shakuhachi* und anderen jap. Instrumenten. Amerikaner.
蓮如(れんにょしょう)賞	Rennyo-Preis: Literaturpreis, der für ein hervorragendes Sach- bzw. Fachbuch verliehen wird.
竹盟社(ちくめいしゃ)	Chikumeisha: eine *Shakuhachi*-Schule.
武満 徹(たけみつとおる)	Tōru Takemitsu: einer der repräsentativen jap. Komponisten in der modernen Musik, auch weltweit berühmt. 1930-1996.
「ノヴェンバー・ステップス」	*November Steps*: ein Werk, das Tōru Takemitsu in 1967 für *Biwa*, *Shakuhachi* und Orchester komponiert hat, und mit dem er zu internationalem Ruhm gelangte.
臥牙丸(ががまる)	Gagamaru: Sumoringer aus Georgien.
グルジア	Georgien
ベネズエラ	Venezuela
ボサノバ	Bossa Nova: städtisch verfeinerte Version des Samba.

Lektion 21

読む・書く

表明[する]	ひょうめい[する]	Äußerung, Darlegung [äußern, darlegen]
根拠	こんきょ	Grund, Begründung
基づく	もとづく	sich auf etw. stützen
基に	もとに	auf der Basis von
図表	ずひょう	Diagramm, Tabelle, grafische Darstellung
飲み水	のみみず	Trinkwasser
こだわり		Wählerischsein, Anspruch
深さ[関わりの〜]	ふかさ[かかわりの〜]	Tiefe [der Beziehung]
危機感	ききかん	Krisengefühl
糸目をつけない[金に〜]	いとめをつけない[かねに〜]	sich nicht um [die Kosten] kümmern
通人	つうじん	Kenner/-in
茶漬け	ちゃづけ	*Chazuke* (mit Tee übergossener Reis)
漬物	つけもの	eingelegtes Gemüse
煎茶	せんちゃ	*Sencha* (grüner Tee mittlerer Qualität)
飯	めし	gekochter Reis
代金	だいきん	Preis, Rechnung
両	りょう	*Ryō* (Münzeinheit in der Edo-Zeit)
分	ぶ	*Bu* (Münzeinheit in der Edo-Zeit)
吟味[する]	ぎんみ[する]	genaue Untersuchung [sorgfältig überprüfen]
見当たる	みあたる	gefunden werden, zu finden sein
上流	じょうりゅう	Oberlauf
くむ[水を〜]	[みずを〜]	[Wasser] schöpfen
早飛脚	はやびきゃく	Sondereilbote
仕立てる	したてる	bereitstellen, mieten
故	ゆえ	weil, wegen
運賃	うんちん	Transportkosten
二の句もつげない	にのくもつげない	sprachlos sein, keine Worte finden können
上水	じょうすい	Trinkwasser, Brauchwasser
主流	しゅりゅう	Hauptfluss

清冽	せいれつ	Klarheit und Kälte
うたう		preisen, rühmen
名水	めいすい	berühmtes Wasser
目立つ	めだつ	auffallen
産湯	うぶゆ	erstes Bad eines Neugeborenen
末期	まつご	Todesstunde
切る[縁を～]	きる[えんを～]	[die Verbindung mit jmd.] abbrechen
あこがれる		sich sehnen
一方的[な]	いっぽうてき[な]	einseitig, eigenmächtig
決めつける	きめつける	übereilt urteilen
あおりたてる		propagieren, agitieren
確実[な]	かくじつ[な]	Gewissheit [sicher, definitiv, verlässlich]
質	しつ	Qualität
落とす[質を～]	おとす[しつを～]	[an Qualität] verlieren
有数	ゆうすう	Namhaftigkeit, führend
主食	しゅしょく	Hauptnahrungsmittel
炊く	たく	kochen (Reis)
自体	じたい	selbst, an sich
たっぷり		reichlich
副食	ふくしょく	Beilage
ミソ汁	みそしる	Miso-Suppe
大半	たいはん	mehr als die Hälfte, der größte Teil
銘柄米	めいがらまい	Markenreis
とびきり		etw. Ausgezeichnetes, etw. Hervorragendes
玉露	ぎょくろ	*Gyokuro* (feinster grüner Tee)
極上の	ごくじょうの	best, feinst, erstklassig
地下水	ちかすい	Grundwasser
良質	りょうしつ	gute Qualität
豊富[な]	ほうふ[な]	Reichtum [reich, reichlich]
雨水	あまみず	Regenwasser
雪どけ水	ゆきどけみず	Schmelzwasser
杉	すぎ	jap. Zeder
松	まつ	Kiefer
クヌギ		Spitzeiche

しみ込む	しみこむ	eindringen, einsickern
常時	じょうじ	ständig, immer
湧く	わく	herausprudeln, hervorquellen
岩石	がんせき	Gestein
入り込む	はいりこむ	eindringen, hineingehen
リゾート開発	リゾートかいはつ	Erschließung von Erholungsorten
ゴルフ場	ゴルフじょう	Golfplatz
伐採[する]	ばっさい[する]	Holzfällen [schlagen, fällen]
破壊[する]	はかい[する]	Zerstörung [zerstören]
汚れる[地下水が〜]	よごれる[ちかすいが〜]	schmutzig werden [das Grundwasser wird schmutzig]
英訳[する]	えいやく[する]	englische Überserzung [ins Englische übersetzen]
水を差す	みずをさす	etw. stören, zunichtemachen
水を向ける	みずをむける	jmd. dazu verleiten, über etw. zu sprechen
水かけ論	みずかけろん	ausufernde Diskussion, ewiges Hin und Her
水入らず	みずいらず	engster Kreis, alleine
誘い水	さそいみず	Initialzündung, Anstoß
堪能[な]	たんのう[な]	große Fertigkeit, große Begabung [vollkommen zufrieden sein, auskosten]
訳す	やくす	übersetzen
周辺	しゅうへん	Umkreis
密着[する]	みっちゃく[する]	unmittelbarer Zusammenhang [eng zusammenhängen, eng verbunden sein]
独自[な]	どくじ[な]	Originalität [eigen]
築きあげる	きずきあげる	unter Mühen errichten, aufbauen
崩れる	くずれる	zusammenbrechen
共通[する]	きょうつう[する]	Gemeinsamkeit [etw. gemein haben]
単語	たんご	Wort, Vokabel
ファッション		Mode

話す・聞く

横ばい	よこばい	Beibehalten einer Höhe, Gleichbleiben
進む	すすむ	voranschreiten
減少[する]	げんしょう[する]	Abnahme [abnehmen]

著しい	いちじるしい	bedeutend, bemerkenswert
とる[食事を〜]	[しょくじを〜]	[Essen] einnehmen
個食	こしょく	alleine (statt mit der ganzen Familie) eingenommene Mahlzeit
図	ず	Diagramm, Abbildung
興味深い	きょうみぶかい	sehr interessant
ご覧ください	ごらんください	Schauen Sie sich bitte ... an.
食育	しょくいく	Ernährungserziehung
白書	はくしょ	Weißbuch
調理[する]	ちょうり[する]	Kochen [kochen]
聞きなれる	ききなれる	vertraut klingen, gewohnt klingen
〜済み[調理〜]	〜ずみ[ちょうり〜]	fertig 〜, 〜 abgeschlossen [vorgekocht]
食材	しょくざい	Zutat
惣菜	そうざい	Beilage
手軽[な]	てがる[な]	leicht, einfach
外部化	がいぶか	Auslagerung, Verlegung nach außen
再び	ふたたび	wieder, erneut
近年	きんねん	die letzten Jahre
依然	いぜん	immer noch, nach wie vor
形態	けいたい	Form
様変わり	さまがわり	Verwandlung, völlige Veränderung
受講[する]	じゅこう[する]	Teilnahme an einem Kurs [an einem Kurs teilnehmen]
気になる	きになる	jmd. Sorgen machen, jmd. beschäftigen
囲む[食卓を〜]	かこむ[しょくたくを〜]	zusammen um [den Esstisch] sitzen
回答[する]	かいとう[する]	[eine] Antwort [geben]
〜人中〜人	〜にんちゅう〜にん	〜 Leute unter 〜 Personen
上昇[する]	じょうしょう[する]	Anstieg [ansteigen]
就労[する]	しゅうろう[する]	[an die] Arbeit [gehen]
訪日[する]	ほうにち[する]	Japanbesuch [Japan besuchen]
推移[する]	すいい[する]	Wandel [sich ändern, sich wandeln]
キャンペーン		Kampagne
円安	えんやす	schwacher Yen
最多	さいた	höchste Anzahl

新型	しんがた	neue Form
増減[する]	ぞうげん[する]	Zunahme und Abnahme [zunehmen und abnehmen]
外的[な]	がいてき[な]	äußerlich, extern
要因	よういん	Faktor
信頼性	しんらいせい	Zuverlässigkeit
入手[する]	にゅうしゅ[する]	Erlangung [sich beschaffen, erwerben]
世帯	せたい	Haushalt
進学率	しんがくりつ	Prozentsatz der Schüler, die auf eine weiterführende Schule od. Universität gehen
保有台数	ほゆうだいすう	Anzahl (der Autos/Geräte), die man besitzt

文法・練習

得る	える	bekommen
よしあし		Gut und Schlecht, Richtig und Falsch
名医	めいい	berühmter/-r Arzt/Ärztin, hervorragende/-r Arzt/Ärztin
けち[な]		Geiz [geizig]
不器用[な]	ぶきよう[な]	Ungeschicklichkeit [ungeschickt]
俳句	はいく	Haiku (17-silbiges jap. Gedicht mit einem Schema mit 5-7-5 Silben)
節電[する]	せつでん[する]	Stromsparen [Strom sparen]
使用量	しようりょう	verwendete Menge
報道[する]	ほうどう[する]	Pressebericht [berichten]
出産[する]	しゅっさん[する]	Entbindung, Geburt [von einem Kind entbunden werden, gebären]
口が[の]悪い	くちが[の]わるい	eine scharfe Zunge/ein böses Mundwerk haben
評論家	ひょうろんか	Kritiker/-in
基本	きほん	Grundlage, Basis
列	れつ	Schlange, Reihe
積み重ねる	つみかさねる	anhäufen, sammeln
それなり		auf seine Weise, dementsprechend
年輪	ねんりん	Jahresringe, Lebenserfahrung
化粧[する]	けしょう[する]	Schminken [sich schminken]

判断[する]	はんだん[する]	Urteil [urteilen]
購入[する]	こうにゅう[する]	Einkauf [kaufen, anschaffen]
検討[する]	けんとう[する]	Überprüfung [überprüfen]
災害時	さいがいじ	Katastrophenfall
安全基準	あんぜんきじゅん	Sicherheitsstandard
責任	せきにん	Verantwortung
遺産	いさん	Erbe
外交官	がいこうかん	Diplomat/-in
きずな		Verbindung, Band
深める	ふかめる	vertiefen
母語	ぼご	Muttersprache
コレステロール		Cholesterin
値[コレステロール〜]	ち	Wert [Cholesterinwert]
莫大[な]	ばくだい[な]	riesig, enorm
社会貢献	しゃかいこうけん	soziales Engagement
貢献[する]	こうけん[する]	[einen] Beitrag [leisten]
ブランド		Marke
バリアフリー		barrierefrei
障害	しょうがい	Behinderung
ダイビング[する]		Tauchen [tauchen]

問題

インスタントラーメン		Instant-*Rāmen*
消費量	しょうひりょう	Konsum, Verbrauch
総〜[〜消費量]	そう〜[〜しょうひりょう]	Gesamt 〜 [Gesamtkonsum]
およそ		ungefähr
麺	めん	Nudeln
ハウス		Gewächshaus
養殖[する]	ようしょく[する]	Zucht in Aquakultur [züchten]
冷凍	れいとう	Tiefkühlung
出回る	でまわる	auf den Markt kommen
乏しい	とぼしい	dürftig, unzulänglich
イチゴ		Erdbeere
クリスマスケーキ		Weihnachtstorte
カツオ		Bonito (Fischart)

サンマ		Pazifischer Makrelenhecht
季語	きご	Jahreszeitenwort im jap. Gedicht
旬	しゅん	Saison
技	わざ	Kunstfertigkeit, Geschicklichkeit
しきたり		Konvention, Brauch, Tradition
呉服	ごふく	Kimonostoff
若だんな	わかだんな	junger Herr (ältester Sohn des Geschäftsinhabers)
あらゆる		alle möglichen, jede
番頭	ばんとう	Geschäftsführer, Prokurist
思い知る	おもいしる	bemerken, erfahren
蔵	くら	Lager
腐る	くさる	verfaulen
季節外れ	きせつはずれ	nicht der Jahreszeit entsprechend
房	ふさ	Stückchen, Schnitz
せいぜい		höchstens, nicht mehr als

これは〜を示す〜です。	Das hier ist ein 〜, das 〜 zeigt.
〜に見られるように、……。	Wie man in 〜 sehen kann, ...

Ableitung eines Ergebnisses aus den Daten.

以上から、…ことがお分かりいただけると思います。	Hieraus können Sie, denke ich, erkennen, dass ...

Erläuterung dessen, was einem aus den Daten klar geworden ist.

…と言えるのではないでしょうか。	Kann man nicht sagen, dass ... ?

Darlegung der eigenen Überlegungen auf der Basis von Daten.

多摩川 — Tama-Fluss: Fluss, der durch Tōkyō fließt und in die Tōkyō-Bucht mündet.

小泉 武夫 — Takeo Koizumi: jap. Agrarwissenschaftler und Schriftsteller. 1943-.

農水省 — Ministerium für Land- und Forstwirtschaft und Fischereiwesen.

食育白書 — Weißbuch der Ernährungserziehung: vom Kabinettsbüro verfasster „Bericht über die Politik zur Förderung der Ernährungserziehung".

イチロー選手 — Ichirō Suzuki: jap. Profi-Baseballspieler von den Seattle Mariners der amerikanischen Major League.

スピルバーグ — Steven Spielberg: amerikanischer Regisseur und Produzent. 1946-.

「千両みかん」 — *Senryō Mikan* (Mandarine, die tausend *Ryō* kostet): ein *Rakugo*-Stück.

Lektion 22

読む・書く

死亡記事	しぼうきじ	Todesanzeige
死亡[する]	しぼう[する]	Tod [sterben]
手紙文	てがみぶん	Brieftext
依頼状	いらいじょう	Bittbrief
死生観	しせいかん	Einstellung zu Leben und Tod
ディスカッション		Diskussion
通信手段	つうしんしゅだん	Kommunikationsmittel
手段	しゅだん	Mittel
拝啓	はいけい	Sehr geehrte/-r Frau/Herr ... (höfliche Anrede in Briefen)
時下	じか	neuerdings, dieser Tage
[ご]健勝	[ご]けんしょう	[Ihre] gute Gesundheit
小社	しょうしゃ	unsere Firma (bescheiden)
目下	もっか	der jetzige Augenblick
類	るい	Art, Gleichartiges
ネクロロジー		Nekrolog
物故者	ぶっこしゃ	Verstorbene/-r
略伝	りゃくでん	kurze Biographie
編纂[する]	へんさん[する]	Herausgabe [herausgeben]
玉稿	ぎょっこう	Ihr wertes Manuskript
たまわる		geschenkt bekommen, erhalten
次第	しだい	Umstände
当の	とうの	betreffend, besagt
本人	ほんにん	der/die Betreffende
執筆[する]	しっぴつ[する]	Verfassen [verfassen, schreiben]
点[という〜]	てん	der Punkt [, dass 〜]
存命[中]	ぞんめい[ちゅう]	Am-Leben-Sein [zu Lebzeiten]
人物	じんぶつ	Person, Persönlichkeit
業績	ぎょうせき	Leistung

辞世	じせい	Sterbegedicht, letzte Worte
墓碑銘	ぼひめい	Epitaph, Grabinschrift
不謹慎	ふきんしん	Indiskretheit
興味本位	きょうみほんい	aus reiner Neugierde, interessehalber
推察[する]	すいさつ[する]	Vermutung [vermuten, erraten]
死	し	Tod
生	せい	Leben
さらす		(jmd./etw.) etw. aussetzen
集約[する]	しゅうやく[する]	Zusammenfassung [zusammenfassen]
人名事典	じんめいじてん	biografisches Lexikon
記述[する]	きじゅつ[する]	Beschreibung [beschreiben]
客観的[な]	きゃっかんてき[な]	objektiv
抱く	いだく	hegen
別問題	べつもんだい	andere Frage
承知[する]	しょうち[する]	Kenntnis [Kenntnis haben, jmd. ist etw. bekannt]
いっそ		lieber, besser
隔てる	へだてる	dazwischenliegen
中略	ちゅうりゃく	Weglassung des mittleren Teils
本書	ほんしょ	dieses Buch
意図[する]	いと[する]	Absicht [beabsichtigen]
敬具	けいぐ	Hochachtungsvoll (Formel für den Briefschluss)
色は匂へどちりぬるを	いろはにおへ(え)どちりぬるを	Obwohl ihre Farben noch leuchten, sind sie, ach, schon abgefallen!
氏	し	Herr, Frau
生前	せいぜん	Lebenszeit, zu Lebzeiten
遺骨	いこつ	Gebeine, Asche
三無主義	さんむしゅぎ	Drei-Nein-Prinzip
主義	しゅぎ	Prinzip, Doktrin
唱える	となえる	befürworten, verfechten
遺書	いしょ	Testament
記す	しるす	aufschreiben
公言[する]	こうげん[する]	öffentliche Erklärung [öffentlich erklären]

遺族	いぞく	Hinterbliebene/-r
忠実[な]	ちゅうじつ[な]	Treue, Aufrichtigkeit [treu, aufrichtig]
覆い隠す	おおいかくす	verstecken
生涯	しょうがい	lebenslang, zeitlebens
宗教	しゅうきょう	Religion
通す	とおす	verbringen
満月	まんげつ	Vollmond
仰ぐ	あおぐ	aufsehen
夢想[する]	むそう[する]	Träumerei [träumen]
はたして		tatsächlich
最期	さいご	Lebensende
定か[な]	さだか[な]	sicher, klar
悟る	さとる	sich bewusst werden, begreifen
心得	こころえ	Anweisung, Richtlinie
断食[する]	だんじき[する]	Fasten [fasten]
往生[する]	おうじょう[する]	Eingehen in die Ewigkeit, Tod [in die Ewigkeit eingehen, sterben]
現時点	げんじてん	der jetzige Zeitpunkt
すべ		Methode, Mittel
かねて		schon früher
一握り	ひとにぎり	eine Handvoll
散骨	さんこつ	Verstreuen der Asche
知友	ちゆう	enge/-r Freund/-in
遺灰	いはい	Asche eines/-r Verstorbenen
みちすがら		unterwegs
因縁	いんねん	Verbindung, Beziehung
散布[する]	さんぷ[する]	Verstreuen [verstreuen]
愛唱句	あいしょうく	Lieblingsgedicht
制作意図	せいさくいと	Absicht bei der Produktion
制作[する]	せいさく[する]	Produktion [anfertigen, produzieren]
夢みる	ゆめみる	träumen
山あり谷あり	やまありたにあり	Höhen und Tiefen
振り返る	ふりかえる	zurückblicken
功績	こうせき	verdienstvolle Tat, anerkennenswerte Leistung

還暦	かんれき	sechzigster Geburtstag
迎える[還暦を〜]	むかえる[かんれきを〜]	[seinen sechzigsten Geburtstag] erreichen
フェア		Ausstellung, Messe
開催[する]	かいさい[する]	Abhaltung [abhalten]
資金	しきん	Geldmittel
団体	だんたい	Organisation, Gruppe
御中	おんちゅう	An die Firma ... (Ausdruck, der bei Schreiben an Firmen und Institutionen an deren Namen gefügt wird)
時候	じこう	Jahreszeit
趣旨	しゅし	Inhalt, Zweck
企画[する]	きかく[する]	Plan [planen]
意義	いぎ	Bedeutung
依頼[する]	いらい[する]	Bitte [bitten]
伝記	でんき	Biographie

話す・聞く

ゼミ		Seminar
文末	ぶんまつ	Satzende
遠慮がち	えんりょがち	zurückhaltend, zögernd
意思	いし	Absicht
議題	ぎだい	Debattenthema
産む	うむ	gebären
保育所	ほいくしょ	Kinderkrippe
ためらう		zögern
せめて		wenigstens, mindestens
給食	きゅうしょく	Speisung
保育施設	ほいくしせつ	Kinderbetreuungseinrichtung
〜施設[保育〜]	〜しせつ[ほいく〜]	〜 einrichtung [Kinderbetreuungseinrichtung]
充実[する]	じゅうじつ[する]	Ausbau, Vervollständigung [ausgebaut werden, vollständig sein]
無償	むしょう	etw. Unbezahltes, etw. Unentgeltliches
恩恵	おんけい	Wohltat
不公平[感]	ふこうへい[かん]	Ungerechtigkeit [-sgefühl]

核家族	かくかぞく	Kernfamilie
育児休暇	いくじきゅうか	Erziehungsurlaub
育児	いくじ	Erziehung
子育て	こそだて	Kinderaufziehen
積極的[な]	せっきょくてき[な]	aktiv
放棄[する]	ほうき[する]	Aufgabe, Verzicht [aufgeben, verzichten]
イジメ		Mobbing, Schikane
任せる	まかせる	überlassen, anvertrauen
縛る	しばる	binden, vorschreiben
解消[する]	かいしょう[する]	Auflösung, Lösung [auflösen, lösen]
カップル		Paar, Pärchen, Ehepaar
こだわる		an etw. hängen, auf etw. Wert legen
背景	はいけい	Hintergrund
カギ[問題を解決する〜]	[もんだいをかいけつする〜]	[der] Schlüssel [zur Lösung einer Frage, eines Problems]
未婚	みこん	Unverheiratetsein
晩婚	ばんこん	späte Heirat
発想[する]	はっそう[する]	Idee, Vorstellung [eine Idee entwickeln, sich eine Vorstellung machen]
転換[する]	てんかん[する]	Wandlung, Umstellung, [wandeln, umstellen]
値上げ	ねあげ	Preiserhöhung
居住〜[〜環境]	きょじゅう〜[〜かんきょう]	Wohn 〜 [Wohnumgebung]
レベル		Niveau
年金	ねんきん	Rente
年金生活[者]	ねんきんせいかつ[しゃ]	Rentnerdasein [Rentner/-in]
安易[な]	あんい[な]	leichtfertig, bequem
スライド[する]		Anpassung [etw. anpassen]
仕方[が]ない	しかた[が]ない	unvermeidbar, nichts machen können
交わり	まじわり	Umgang
無駄遣い	むだづかい	Verschwendung
誘惑[する]	ゆうわく[する]	Verführung, Verlockung [verführen]
日頃	ひごろ	täglich
オンラインゲーム		Online-Spiel

22

率直[な]	そっちょく[な]	aufrichtig, offen
意見交換	いけんこうかん	Meinunsgaustausch
まとめ役	まとめやく	Diskussionsleiter/-in, Vermittler/-in

文法・練習

共有[する]	きょうゆう[する]	gemeinsamer Besitz [gemeinsam besitzen]
移転[する]	いてん[する]	Umzug, Ortswechsel [umziehen]
出席率	しゅっせきりつ	Prozentzahl der Anwesenheit
運転免許証	うんてんめんきょしょう	Führerschein
経済成長期	けいざいせいちょうき	Wirtschaftswachstumsphase
倍	ばい	das Doppelte
皆様	みなさま	Sie alle
国連	こくれん	Vereinte Nationen, UNO
通訳[する]	つうやく[する]	Dolmetschen, Dolmetscher/-in [dolmetschen]
左右[する]	さゆう[する]	Beeinflussung [beeinflussen]
乳幼児	にゅうようじ	Säuglinge und Kleinkinder
死亡率	しぼうりつ	Sterblichkeitsrate
生命体	せいめいたい	Lebewesen, Leben
着用[する]	ちゃくよう[する]	Tragen [anziehen, tragen]
他人	たにん	andere Person
確実[な]	かくじつ[な]	Gewissheit [sicher, verlässlich]
発達[する]	はったつ[する]	Entwicklung [sich entwickeln]
地動説	ちどうせつ	heliozentrische Theorie, kopernikanisches Weltbild
信念	しんねん	Glaube, Überzeugung
にこにこ[する]		lächelnd [lächeln]
待ち望む	まちのぞむ	sehnsüchtig erwarten
めったに		kaum, selten (mit Verneinung)
よほど		sehr, äußerst, ziemlich
機嫌	きげん	Laune, Stimmung
ストレス		Stress
たまる[ストレスが～]		es baut sich [Stress] auf
突く	つく	etw. treffen
エコロジー		Ökologie

思想	しそう	Gedanke, Begriff
まもなく		bald, gleich
そうした		so ein, solch ein
労働力	ろうどうりょく	Arbeitskraft
依存[する]	いそん[する]	Abhängigkeit [abhängig sein, angewiesen sein]
労働者	ろうどうしゃ	Arbeiter/-in
受け入れる	うけいれる	aufnehmen
労働条件	ろうどうじょうけん	Arbeitsbedingungen
労働	ろうどう	Arbeit
整備[する]	せいび[する]	Wartung, Versorgung [warten, für etw. sorgen]
天	てん	Himmel
パスワード		Passwort
地面	じめん	Erde, Boden
凍る	こおる	gefrieren, vereisen
王様	おうさま	König
幼い	おさない	klein
貧しい	まずしい	arm
援助[する]	えんじょ[する]	Hilfe, Unterstützung [unterstützen]
刺激[する]	しげき[する]	Reiz, Anregung [reizen, stimulieren]
食料	しょくりょう	Lebensmittel
不確か[な]	ふたしか[な]	Unsicherheit [unsicher]
児童公園	じどうこうえん	Kinderpark, Spielplatz
児童	じどう	Kind, Jungen und Mädchen
ブランコ		Schaukel
滑り台	すべりだい	Rutsche
甘やかす	あまやかす	verwöhnen, verziehen
予防接種	よぼうせっしゅ	Schutzimpfung
生きがい	いきがい	Lebenssinn, Lebensinhalt
童話	どうわ	Märchen

問題

意欲	いよく	Wollen, Wille
公平[な]	こうへい[な]	Fairness, Gerechtigkeit [fair, gerecht]
科目	かもく	Fach

社会保障	しゃかいほしょう	Sozialversicherung
爆発[する]	ばくはつ[する]	Explosion [explodieren]
急増[する]	きゅうぞう[する]	sprunghafte Zunahme [schnell zunehmen]
雇用[する]	こよう[する]	Anstellung [anstellen]
貧困	ひんこん	Armut
生む	うむ	verursachen
深刻[な]	しんこく[な]	ernst
フェスタ		Festival
私ども	わたくしども	wir
協会	きょうかい	Verein, Gesellschaft
展示[する]	てんじ[する]	Ausstellung [ausstellen]
詳細[な]	しょうさい[な]	Einzelheiten, Details [ausführlich, detailliert]
企画書	きかくしょ	schriftlicher Entwurf
打ち合わせ	うちあわせ	Vorbesprechung
日程	にってい	Termin, Tag
用件	ようけん	Angelegenheit, Geschäft
承諾[する]	しょうだく[する]	Einwilligung [einwilligen]
無気力[な]	むきりょく[な]	mutlos, saft- und kraftlos
無断	むだん	ohne Erlaubnis
満たす	みたす	füllen, erfüllen
再会[する]	さいかい[する]	Wiedersehen [wieder sehen]
玩具	がんぐ	Spielzeug
粘り強い	ねばりづよい	hartnäckig haftend, zäh, ausdauernd
要望[する]	ようぼう[する]	Verlangen [verlangen, wünschen]
息	いき	Atem
引き取る[息を〜]	ひきとる[いきを〜]	[den letzten Atemzug tun]
褒めたたえる	ほめたたえる	loben, anerkennen, preisen
熱意	ねつい	Eifer, Enthusiasmus
響く	ひびく	ertönen, weit hörbar sein
鑑賞[する]	かんしょう[する]	Genuss, Bewunderung [geniessen, bewundern]
訴える	うったえる	(emotional) berühren, ansprechen

では、今日の議題、〜について話し合いたいと思います。	Nun, dann wollen wir über das heutige Diskussionsthema, 〜 , sprechen.

Ausdruck zur Eröffnung einer Diskussion.

私は〜に反対です。	Ich bin gegen 〜 .
〜より〜を〜べきじゃないでしょうか。	Sollten wir nicht eher 〜 tun als 〜 ?
その通りです。	Genau!

Ausdruck der Zustimmung.

…のではなく、まず、…べきだと思います。	Ich denke, wir sollten nicht ... , sondern erst einmal ... .
ですが、〜さん。	Aber, Herr/Frau ... .

Ausdruck, der ankündigt, dass man eine Gegenmeinung äußern wird.

それもそうですね。	Da haben Sie auch wieder recht.

Ausdruck der Zustimmung

…なんじゃないでしょうか。	Ist es nicht so, dass ... ?

Ausdruck der eigenen Meinung.

ではそろそろ意見をまとめたいと思います。	Nun, ich denke, es ist an der Zeit, die Standpunkte zusammenzufassen.

Ausdruck zur Beendigung einer Diskussion.

山折哲雄	Tetsuo Yamaori: Religionswissenschaftler und Philosoph. 1931-.
西行法師	Saigyō Hōshi: Dichter aus der späten Heian-Zeit. 1118-1190.
ガンジス川	Ganges
ASEAN諸国	Länder des Verbands Südostasiatischer Nationen (ASEAN)
ガリレオ	Galileo Galilei: italienischer Physiker und Astronom. 1564-1642.
アンデルセン童話	Andersens Märchen: eine Reihe von Märchen, die von dem dänischen Märchendichter Andersen geschrieben wurden.
「羅生門」	*Rashōmon*: jap. Film des Regisseurs Akira Kurosawa, der 1950 zum ersten Mal gezeigt wurde.
「生きる」	*Ikiru* (Einmal wirklich leben): jap. Film des Regisseurs Akira Kurosawa aus dem Jahr 1952.

Lektion 23

読む・書く

コモンズ		Allmende, Gemeindegut
悲劇	ひげき	Tragik, Tragödie
地球市民	ちきゅうしみん	Weltbürger/-in
オゾン層	オゾンそう	Ozonschicht
熱帯雨林	ねったいうりん	tropischer Regenwald
酸性雨	さんせいう	saurer Regen
生物	せいぶつ	Lebewesen, Organismus
絶滅[する]	ぜつめつ[する]	Aussterben [aussterben]
大気汚染	たいきおせん	Luftverschmutzung
大気	たいき	Luft, Atmosphäre
汚染[する]	おせん[する]	Verschmutzung [verschmutzen]
現れる	あらわれる	auftauchen, auftreten, erscheinen
共有地	きょうゆうち	kommunaler Boden
牧草	ぼくそう	Weidegras
羊	ひつじ	Schaf
あげる[利益を〜]	[りえきを〜]	[den Gewinn] erhöhen
試み始める	こころみはじめる	anfangen zu versuchen
試みる	こころみる	versuchen
荒廃[する]	こうはい[する]	Verwüstung, Verheerung [völlig veröden, verfallen]
捨て去る	すてさる	aufgeben, verlassen
投稿[する]	とうこう[する]	[für eine Zeitung einen] Beitrag [machen]
懲りる	こりる	aus etw. lernen, durch Schaden klug werden
仕組み	しくみ	Mechanismus, Plan
掟	おきて	Gesetz, Regel
組み込む	くみこむ	hineinnehmen
物語	ものがたり	Geschichte
識者	しきしゃ	gebildeter Mensch, Intellektuelle/-r
規模	きぼ	Dimension, Ausmaß

直結[する]	ちょっけつ[する]	unmittelbare Verbindung [eine direkte Verbindung haben]
普遍化	ふへんか	Verallgemeinerung
公共圏	こうきょうけん	Gemeingut
水資源	みずしげん	Wasserressourcen
山林	さんりん	Berge und Wälder
河川	かせん	Flüsse
酸素	さんそ	Sauerstoff
少々	しょうしょう	ein wenig, etwas
海洋	かいよう	Ozean, Meer
神話	しんわ	Mythos
道徳	どうとく	Moral
支え	ささえ	Stütze
自然科学	しぜんかがく	Naturwissenschaften
人文科学	じんぶんかがく	Geisteswissenschaften
織りまぜる	おりまぜる	einweben, einflechten, untermischen
ジレンマ		Dilemma
掘り下げる	ほりさげる	auf den Grund gehen
制御[する]	せいぎょ[する]	Kontrolle [kontrollieren]
無数の	むすうの	unzählig, zahllos
相互作用	そうごさよう	Wechselwirkung
解決策	かいけつさく	Lösungsmaßnahme, Lösung
農耕	のうこう	Ackerbau, Landwirtschaft
教訓	きょうくん	Unterweisung, Belehrung, Lektion
灌漑	かんがい	Bewässerung
土壌	どじょう	Erde, Boden
塩類	えんるい	Salze
集積[する]	しゅうせき[する]	Ansammlung [sich/etw. ansammeln]
縮小[する]	しゅくしょう[する]	Verkleinerung [verkleinern]
海浜	かいひん	Meeresküste
消失[する]	しょうしつ[する]	Verschwinden [verschwinden, verloren gehen]
等々	とうとう	und so weiter, etc.
数えあげる	かぞえあげる	aufzählen
きり[～がない]		[ohne] Ende [sein]

つけ		Rechnung
事象	じしょう	Phänomen
明確[な]	めいかく[な]	präzise, ausdrücklich, bestimmt
確率	かくりつ	Wahrscheinlichkeit
明らか[な]	あきらか[な]	deutlich, klar
不可欠[な]	ふかけつ[な]	unerlässlich
段階	だんかい	Phase
記号	きごう	Zeichen
荒れる	あれる	veröden
植物	しょくぶつ	Pflanze
生育[する]	せいいく[する]	Wachsen, Wachstum [gedeihen, wachsen]
工業	こうぎょう	Industrie
種々	しゅじゅ	Verschiedenartigkeit, Mannigfaltigkeit
チェックシート		Checkliste
温度設定	おんどせってい	Temperatureinstellung
温度	おんど	Temperatur
設定[する]	せってい[する]	Einstellung [einstellen]

話す・聞く

クマゲラ		Schwarzspecht
林道	りんどう	Forstweg, Waldweg
鳥類	ちょうるい	Vögel, Vogelarten
生息地	せいそくち	Lebensraum
経緯	けいい	Einzelheiten, nähere Umstände
決意[する]	けつい[する]	Entschluss [sich entschließen]
棲む	すむ	leben, verbreitet sein
啄木鳥	きつつき	Specht
しっぽ		Schwanz
羽毛	うもう	Feder
スケッチ[する]		Skizze [skizzieren]
偶然	ぐうぜん	Zufall, zufällig
ブナ		Kerb-Buche
原生林	げんせいりん	Urwald
多種多様	たしゅたよう	Vielfältigkeit

動植物	どうしょくぶつ	Tiere und Pflanzen
使い道	つかいみち	Gebrauch, Verwendung, Nutzen
木材	もくざい	Bauholz
狭める	せばめる	verkleinern, einschränken
保護[する]	ほご[する]	Schutz [schützen]
巣作り	すづくり	Nestbau
ねぐら		Schlafsitz, Nest
天然記念物	てんねんきねんぶつ	Naturdenkmal
危ぐ[する]	きぐ[する]	Furcht [befürchten]
種[絶滅危ぐ〜]	しゅ[ぜつめつきぐ〜]	[vom Aussterben bedrohte] Art
世界自然遺産	せかいしぜんいさん	Weltnaturerbe
自然遺産	しぜんいさん	Naturerbe
農地	のうち	Ackerland
拡大[する]	かくだい[する]	Ausdehnung [sich/etw. vergrößern, ausdehnen]
変動[する]	へんどう[する]	Änderung [sich ändern]
絡みあう	からみあう	sich verwickeln, ineinander greifen
持続[する]	じぞく[する]	Fortdauer [fortbestehen, erhalten werden, aufrecht erhalten]
食糧	しょくりょう	Nahrungsmittel
清聴	せいちょう	aufmerksames Zuhören
砂浜	すなはま	Sandstrand
打ち寄せる	うちよせる	anspülen
現状	げんじょう	gegenwärtiger Zustand
街並み	まちなみ	Stadtbild
故郷	こきょう	Heimat
たびたび		oft, öfters
自国	じこく	eigenes Land
引き寄せる	ひきよせる	an sich ziehen, heranziehen
事例	じれい	Fallbeispiel

文法・練習

国内	こくない	Inland
実り	みのり	Ernte, Frucht

学力	がくりょく	Gelehrsamkeit, Lernfähigkeit
努力家	どりょくか	fleißiger Mensch
非常時	ひじょうじ	Notlage
本店	ほんてん	unser Geschäft
閉店[する]	へいてん[する]	Geschäftsschluss, Geschäftsaufgabe [ein Geschäft schließen]
ワールドカップ		Weltmeisterschaft
転ばぬ先の杖	ころばぬさきのつえ	Vorbeugen ist besser als heilen.
杖	つえ	Stock
朝令暮改	ちょうれいぼかい	ein Befehl vom Morgen wird am Abend widerrufen, eine Verordnung jagt die andere
品	しな	Ware, Artikel
愛情	あいじょう	Liebe, Zuneigung
引っ張る	ひっぱる	führen, leiten
進む[調べが～]	すすむ[しらべが～]	vorangehen, fortschreiten [eine Untersuchung schreitet fort]
機器	きき	Gerät
薄れる[悲しみが～]	うすれる[かなしみが～]	nachlassen, verblassen [die Trauer lässt nach]
高まる[緊張が～]	たかまる[きんちょうが～]	steigen [die Anspannung steigt]
染まる	そまる	sich färben
訪ねる	たずねる	besuchen
イエス		Ja
真偽	しんぎ	Echtheit oder Falschheit
火災	かさい	Brandunglück, Brand
スプリンクラー		Sprinkler
設置[する]	せっち[する]	Errichtung [errichten, installieren]
義務[づける]	ぎむ[づける]	[als] Pflicht [auferlegen]
通学[する]	つうがく[する]	Schulbesuch [zur Schule gehen]
親友	しんゆう	enge/-r Freund/-in, gute/-r Freund/-in
食物	しょくもつ	Essen, Nahrung
社会科	しゃかいか	Sozialkunde
地理	ちり	Geographie
ジュードー		Judo
ニンジャ		Ninja

ホストファミリー		Gastfamilie
フナずし		Sushi mit Karausche
ドリアン		Durianbaum

問題

農家	のうか	Bauer, Bauernfamilie
蓄える	たくわえる	speichern, lagern
蒸発[する]	じょうはつ[する]	Verdampfen [verdampfen]
洪水	こうずい	Hochwasser
仲人	なこうど	Heiratsvermittler/-in
河口	かこう	Flussmündung
カキ		Auster
漁師	りょうし	Fischer/-in
栄養分	えいようぶん	Nährstoff
循環[する]	じゅんかん[する]	Kreislauf [zirkulieren]
サケ		Lachs
取り込む	とりこむ	hereinholen, aufnehmen
まさに[その時]	[そのとき]	genau, wirklich [genau zu diesem Zeitpunkt]
見守る	みまもる	aufpassen, bewachen
消費[する]	しょうひ[する]	Verbrauch, Konsum [verbrauchen]
電化製品	でんかせいひん	Elektrogerät
照明器具	しょうめいきぐ	Beleuchtungsgerät
蛍光灯	けいこうとう	Neonlampe
風通し	かぜとおし	Belüftung

それがきっかけで…ようになりました。	Das war für mich der Anlass, ... zu tun.
さて、〜ではどうでしょうか。	Nun, wie ist es in ...?
	Wechsel des Themas.
(悲(かな)しい)ことに、……。	(Bedauerlicher-) weise ...
	Ausdruck (Vorankündigung) der Gefühle des Sprechers bezüglich dessen, was er im Folgenden sagt.

イソップ物語	Äsopische Fabeln: Sammlung von Fabeln, die der Überlieferung nach Äsop geschrieben haben soll.
メソポタミア	Mesopotamien
アラル海	Aralsee
和田英太郎	Eitarō Wada: jap. Geowissenschaftler. 1939-.
秋田	Akita: Präfektur im Westen der Tōhoku-Region, liegt am jap. Meer.
シェークスピア	William Shakespeare: Dramatiker und Dichter aus England. 1564-1616.
「ハムレット」	*Hamlet*: eine der vier großen Tragödien von Shakespeare.
慶応義塾大学	Keiō-Universität: eine private Universität in Japan. Von Yukichi Fukuzawa gegründet.
福沢諭吉	Yukichi Fukuzawa: Denker und Pädagoge. 1834-1901.
ピラミッド	Pyramide
ナスカの地上絵	Nazca-Linien: geometrische Figuren und Bilder von Tieren und Pflanzen, die auf dem Boden der Hochebene Perus aufgezeichnet sind.
ネッシー	Nessie: Ungeheuer, das im Loch Ness in Schottland leben soll.
バミューダ・トライアングル	Bermuda-Dreieck: dreieckiges Seegebiet, das sich zwischen der Spitze der Halbinsel Florida, Puerto Rico und den Bermudainseln erstreckt. Seit langem gibt es die Legende, dass Schiffe und Flugzeuge dort spurlos verschwinden.

Lektion 24

読む・書く

型	かた	Form
はまる[型に～]	[かたに～]	[in eine Form] hineingesteckt werden
好奇心	こうきしん	Neugier
忍耐[力]	にんたい[りょく]	Geduld, Ausdauer [Durchhaltevermögen]
就職試験	しゅうしょくしけん	Einstellungsprüfung
面接[する]	めんせつ[する]	Vorstellungsgespräch [sich unterreden, mündlich prüfen]
約束事	やくそくごと	Versprechen
守る[約束を～]	まもる[やくそくを～]	[ein Versprechen] einhalten
服装	ふくそう	Kleidung
TPO	ティーピーオー	Zeit, Ort und Anlass
[お]能	[お]のう	*Nō* (jap. Theater mit orchestraler Begleitung)
破る[型を～]	やぶる[かたを～]	[mit der Form, mit der Tradition] brechen
とかく		geneigt sein
見渡す	みわたす	überblicken
あらざるもの		etw., das nicht ist
衣類	いるい	Kleidung
しばり上げる	しばりあげる	fest zusammenbinden, fesseln
人跡	じんせき	menschliche Spuren
絶える	たえる	enden
山奥	やまおく	tief in den Bergen
面倒くさい	めんどうくさい	lästig, störend
こんがらかる		verwickelt sein, verheddert sein
糸	いと	Faden
ズタズタ[に]		in kleine Fetzen, in kleine Stücke
切りさく	きりさく	durchschneiden, zerschneiden
社会人	しゃかいじん	vollwertiges Mitglied der Gesellschaft
たる[社会人～]	[しゃかいじん～]	[vollwertiges Mitglied der Gesellschaft] sein
なんといおうと		was man auch sagen mag

不自由[な]	ふじゆう[な]	Unbequemlichkeit, Einschränkung [unbequem, eingeschränkt]
うらやむ		beneiden
天才	てんさい	Genie
話相手	はなしあいて	Gesprächspartner/-in
そうかといって		aber, und doch
まぎらわす		ablenken, verbergen
切実[な]	せつじつ[な]	dringend
たより		Stütze, Verlass
茶杓	ちゃしゃく	Teeschöpfkelle aus Bambus (für die Teezeremonie)
一片	いっぺん	ein Stück
肉体	にくたい	Leib, Körper
まかせきる		ganz überlassen
愛用[する]	あいよう[する]	bevorzugtes Benutzen [gern benutzen]
滅びる	ほろびる	zugrunde gehen, untergehen
鐘[お寺の〜]	かね[おてらの〜]	Glocke [eines Tempels]
余音	よいん	Nachklang
とどめる		festhalten
後の[〜人々]	のちの[〜ひとびと]	später, folgend [die später folgenden Leute]
おろか[な]		dumm, töricht
しのぶ		sich voller Achtung erinnern, verehren
でっち上げる	でっちあげる	fingieren, erfinden
唯一	ゆいいつ	das Einzige, das Alleinige
近づく[利休へ〜]	ちかづく[りきゅうへ〜]	sich [Rikyū] nähern
ほんと		Wahrheit
けっとばす		wegkicken
たしなみ		Anstand, Zurückhaltung, Bildung
もと[間違いの〜]	[まちがいの〜]	Ursache, Ursprung [eines Fehlers]
後世	こうせい	Nachwelt, folgende Generationen
残す[後世へ〜]	のこす[こうせいへ〜]	[der Nachwelt] zurücklassen, hinterlassen
凡人	ぼんじん	Durchschnittsmensch
獲得[する]	かくとく[する]	Erwerbung, Aneignung [erringen, erwerben, sich aneignen]

話す・聞く

制作会社	せいさくがいしゃ	Produktionsfirma
志望[する]	しぼう[する]	Wunsch [wünschen]
志望動機	しぼうどうき	Motivation
意志	いし	Wille, Absicht
告げる	つげる	mitteilen
当社	とうしゃ	unsere Firma
御社	おんしゃ	Ihre Firma
事業	じぎょう	Betrieb, Geschäft
農産物	のうさんぶつ	Agrarprodukt
調達[する]	ちょうたつ[する]	Beschaffung [anschaffen, herbeischaffen]
確保[する]	かくほ[する]	Sicherstellung [sichern, sicherstellen]
win-win[な]	ウィンウィン[な]	für beide Seiten vorteilhaft
感銘[する]	かんめい[する]	tiefer Eindruck [tief beeindruckt sein]
弊社	へいしゃ	unsere Firma (bescheiden)
カップ麺	カップめん	Cup-Nudeln (Instant-Nudeln in einem Becher aus Plastik oder Schaumpolystyrol)
出会い	であい	Begegnung
香り	かおり	Duft
衝撃的[な]	しょうげきてき[な]	schockierend, sensationell, erstaunlich
自炊[する]	じすい[する]	Kochen für sich selbst [selbst kochen]
レトルト食品	レトルトしょくひん	Instantgerichte (in einem Plastikbeutel sterilisiert)
手に入る	てにはいる	in jmds. Besitz kommen
贅沢[な]	ぜいたく[な]	Luxus [luxuriös]
なるほど		Aha!, Ich verstehe!
ついていく[授業に〜]	[じゅぎょうに〜]	[mit dem Unterricht] mitgehen, Schritt halten
流れる[コマーシャルが〜]	ながれる	ausgestrahlt werden [ein Werbespot wird ausgestrahlt]
科学技術	かがくぎじゅつ	Wissenschaft und Technologie
就く[仕事に〜]	つく[しごとに〜]	[eine Stellung] antreten
携わる	たずさわる	sich beschäftigen, sich befassen
職種	しょくしゅ	Art der Beschäftigung, Berufssparte

専門性	せんもんせい	Expertise
専攻[する]	せんこう[する]	Fachgebiet [sich auf etw. spezialisieren]
アミノ酸	アミノさん	Aminosäure
卒論	そつろん	Bachelor-Abschlussarbeit
応用[する]	おうよう[する]	Anwendung [anwenden]
実績	じっせき	Erfolg, Leistung
医薬品	いやくひん	Medikament
化粧品	けしょうひん	Kosmetika
健康食品	けんこうしょくひん	Reformkost
積む[経験を〜]	つむ[けいけんを〜]	[Erfahrungen] sammeln
突っ込む	つっこむ	nachfragen, jmd. auf den Zahn fühlen
切り返す	きりかえす	erwidern, entgegnen
インストラクター		Instruktor/-in, Trainer/-in
配属[する]	はいぞく[する]	Zuweisung [zuweisen]
配偶者	はいぐうしゃ	Gatte/Gattin
短所	たんしょ	Schwäche
長所	ちょうしょ	Stärke
適性	てきせい	Eignung
有無	うむ	Vorhandensein
否定的[な]	ひていてき[な]	negativ

文法・練習

許す	ゆるす	vergeben, erlauben
ねじ		Schraube
人工衛星	じんこうえいせい	Satellit
J-pop	ジェー・ポップ	J-Pop (jap. Popmusik)
当店	とうてん	unser Geschäft
ジャンル		Genre
胸[母親の〜]	むね[ははおやの〜]	Brust [der Mutter]
座り込む	すわりこむ	sitzen bleiben, sich setzen
協力[する]	きょうりょく[する]	Mitwirkung [mitwirken, zusammenarbeiten]
別れ[永遠の〜]	わかれ[えいえんの〜]	Abschied [für immer]
神	かみ	Gott, Götter
ウォーター		Wasser

開店[する]	かいてん[する]	Geschäftseröffnung [ein Geschäft eröffnen]
チーズ		Käse
やぎ乳	やぎにゅう	Ziegenmilch
非常用	ひじょうよう	Gebrauch im Notfall
何とかなる	なんとかなる	irgendwie klappen, irgendwie zurechtkommen
グラウンド		Sportplatz
前方	ぜんぽう	Vorderseite, vorne
出る[結論が〜]	でる[けつろんが〜]	[zum Schluss, zu einem Ergebnis] kommen
了承[する]	りょうしょう[する]	Kenntnisnahme [anerkennen, einverstanden sein]
起こす[行動を〜]	おこす[こうどうを〜]	[in Aktion treten]
銭湯	せんとう	öffentliches Badehaus
下駄	げた	japanische Holzsandale
押し切る	おしきる	unterdrücken
励む	はげむ	sich anstrengen, sich Mühe geben
昔々	むかしむかし	Es war einmal ... , vor langer, langer Zeit
失恋[する]	しつれん[する]	unglückliche Liebe [unglücklich lieben, vom/ von der Geliebten verlassen werden]
熱心[な]	ねっしん[な]	Eifer [eifrig, fleißig]
恐怖	きょうふ	Furcht, Angst
沈黙	ちんもく	Schweigen, Stille

問題

就職活動	しゅうしょくかつどう	Suche nach einem Arbeitsplatz
比較[する]	ひかく[する]	Vergleich [vergleichen]
従事[する]	じゅうじ[する]	Beschäftigung mit ... [sich mit etw. beschäftigen]
推薦[する]	すいせん[する]	Empfehlung [empfehlen]
ＴＯＥＩＣ	トーイック	Test of English for International Communication (Prüfung in Englisch für die internationale Kommunikation)
全力	ぜんりょく	die ganze Kraft
運営[する]	うんえい[する]	Leitung [leiten]
履歴書	りれきしょ	Lebenslauf

特技	とくぎ	besondere Fähigkeit
給与	きゅうよ	Bezüge, Gehalt
岐路	きろ	Scheideweg, Weggabelung
最寄り	もより	nächst, in der Nähe
道筋	みちすじ	Route, Weg
ルート		Route, Weg
仕事場	しごとば	Arbeitsplatz
遠回り	とおまわり	Umweg
飲み会	のみかい	Umtrunk, geselliges Zusammensein
選択[する]	せんたく[する]	Auswahl [auswählen]
彼我	ひが	der Andere und man selbst, Gegenseitigkeit
効率	こうりつ	Effizienz
優先[する]	ゆうせん[する]	Priorität, Vorrang [Vorrang haben]
通行[する]	つうこう[する]	Verkehr [fahren, gehen, verkehren]
長い目	ながいめ	lange Sicht
人柄	ひとがら	Persönlichkeit
帰結	きけつ	Ergebnis, Resultat
旅路	たびじ	Reise
いつしか		ehe man es sich versieht, unbemerkt, irgendwann
昆虫採集	こんちゅうさいしゅう	Insektensammeln
昆虫	こんちゅう	Insekt
蝶道	ちょうどう	Flugweg der Schmetterlinge
網	あみ	Netz
構える	かまえる	bereithalten, im Anschlag halten
アゲハチョウ		Schwalbenschwanz
木立	こだち	Wäldchen, Gehölz
暗がり	くらがり	Dunkelheit
日照	にっしょう	Sonnenschein
食草	しょくそう	Futterpflanze (für Insekten)
メス		Weibchen
待ち構える	まちかまえる	sich in Bereitschaft halten
収める	おさめる	hineinbringen, fangen
理屈	りくつ	Logik, Gesetze

| 虫網 | むしあみ | Insektenkescher |

…ことに感銘を受け、ぜひ御社で働きたいと思いました。　　Ich war von ... tief beeindruckt, und deshalb möchte ich sehr gerne für Ihre Firma arbeiten.

> Erklärung der Motivation beim Vorstellungsgespräch.

確かに……。しかし、……。　　Sicherlich .... Aber ....

> Nachdem man dem Gegenüber beigepflichtet hat, sagt man noch einmal seine Meinung.

利休　　Rikyū: Teemeister der Azuchi-Momoyama-Zeit. Diente Nobunaga Oda und Hideyoshi Toyotomi. 1522-1591.

世阿弥　　Zeami: *Nō*-Schauspieler und -Autor vom Anfang der Muromachi-Zeit. Hat das *Nō*-Theater vervollkomnet. 1363-1443.

白洲正子　　Masako Shirasu: Essayistin. 1910-1998.

プッチーニ　　Giacomo Puccini: italienischer Komponist. Komponierte unter anderem *Madame Butterfly*. 1858-1924.

Zusätzliche Grammatik

当日	とうじつ	jener Tag, der betreffende Tag
水不足	みずぶそく	Wassermangel
制限[する]	せいげん[する]	Begrenzung [beschränken]
みな / みんな		alle
移民[する]	いみん[する]	Migrant, Migration [auswandern, einwandern]
人権	じんけん	Menschenrecht
最低	さいてい	mindestens, wenigstens
欠席[する]	けっせき[する]	Abwesenheit, Fehlen [abwesend sein]
和菓子	わがし	japanische Süßigkeiten
割引[～料金]	わりびき[～りょうきん]	Ermäßigung [ermäßigter Tarif]
休館	きゅうかん	Ruhetag (eines Kinos, eines Museums etc.)
クリニック		Arztpraxis
診療科	しんりょうか	medizinische Abteilung
総合病院	そうごうびょういん	Klinikum, allgemeines Krankenhaus
病状	びょうじょう	Krankheitszustand
無口[な]	むくち[な]	Schweigsamkeit [schweigsam, ruhig, still]
楽観的[な]	らっかんてき[な]	optimistisch
農村	のうそん	Bauerndorf
プライド		Stolz
傷つきやすい	きずつきやすい	empfindlich, sensibel
ハンドバッグ		Handtasche
昨晩	さくばん	letzte Nacht, gestern Abend
職場	しょくば	Arbeitsplatz
寝不足	ねぶそく	Schlafmangel
ダイヤ		Fahrplan
大幅[な]	おおはば[な]	große Breite [umfassend, beträchtlich, stark]
乱れる	みだれる	gestört werden, chaotisch werden
はやる		sich ausbreiten, grassieren
待合室	まちあいしつ	Wartezimmer
混雑[する]	こんざつ[する]	Gewühl, Gedränge [überfüllt werden]
市内	しない	das Stadtinnere

直行便	ちょっこうびん	Direktverbindung
百薬	ひゃくやく	alle Arten von Arzneien
退院[する]	たいいん[する]	Entlassung aus dem Krankenhaus [aus dem Krankenhaus entlassen werden]
止む	やむ	aufhören
観客	かんきゃく	Zuschauer/-in
未成年	みせいねん	Minderjährige/-r
一人暮らし	ひとりぐらし	Alleineleben
批判[する]	ひはん[する]	Kritik [kritisieren]
横になる	よこになる	sich hinlegen
宝石	ほうせき	Edelstein
言い当てる	いいあてる	erraten
言い終わる	いいおわる	zu Ende sprechen
申請[する]	しんせい[する]	Antrag [beantragen]
ボトム・アップ方式	ボトム・アップほうしき	Bottom-Up-Management
方式	ほうしき	Methode
ついでに		bei der Gelegenheit, nebenbei
保つ	たもつ	aufrechterhalten, erhalten
周囲	しゅうい	Umkreis, Umgebung, um einen herum
抱きしめる	だきしめる	in die Arme schließen
代わる	かわる	an jmds. Stelle treten
燃料	ねんりょう	Brennstoff
支援者	しえんしゃ	Unterstützer/-in
声援[する]	せいえん[する]	Anfeuerungsrufe [anfeuern]
先立つ	さきだつ	vorausgehen
両家	りょうけ	beide Familien
親族	しんぞく	Verwandtschaft
起業[する]	きぎょう[する]	Unternehmensgründung [ein Unternehmen gründen]
食生活	しょくせいかつ	Essgewohnheiten
成人病	せいじんびょう	Erwachsenenkrankheit
治療[する]	ちりょう[する]	Behandlung [behandeln]
統廃合	とうはいごう	Integration und Schließung, Rationalisierung
都市整備	としせいび	Stadtentwicklung

急ピッチ	きゅうピッチ	hohe Geschwindigkeit
実話	じつわ	wahre Geschichte
さんざん		entsetzlich, fürchterlich
賃貸	ちんたい	Vermietung
免除[する]	めんじょ[する]	Befreiung, Erlassung [erlassen]
暗算[する]	あんざん[する]	Kopfrechnen [kopfrechnen]
スピード		Geschwindigkeit
反する	はんする	sich entgegenstellen, sich widersetzen
マニフェスト		Manifest, Wahlprogramm
掲げる	かかげる	aufstellen
堅苦しい	かたくるしい	förmlich
ざっくばらん[な]		offen, offenherzig
ワサビ		*Wasabi* (jap.Meerrettich)
車種	しゃしゅ	Wagentyp, Motorradtyp
問う	とう	fragen
高額	こうがく	hohe Summe
買い取り	かいとり	Ankaufen
停滞[する]	ていたい[する]	Stagnation [stagnieren]
中心	ちゅうしん	Zentrum, Mitte
理系	りけい	etw. zu den Naturwissenschaften Gehörendes
学部	がくぶ	Fakultät
墓地	ぼち	Friedhof
めぐる		sich um etw. drehen, etw. umgeben
長男	ちょうなん	ältester Sohn
次男	じなん	zweitältester Sohn
法廷	ほうてい	Gericht
争う	あらそう	streiten
何事	なにごと	etwas
真心	まごころ	Aufrichtigkeit, Ehrlichkeit
合計	ごうけい	Summe, Gesamtbetrag
ぺらぺら		fließend
万能	ばんのう	Allmacht, universelles Können
必修科目	ひっしゅうかもく	Pflichtfach
必修	ひっしゅう	verpflichtend zu Lernendes

単位	たんい	Leistungspunkt
チヂミ		*Jeon* (koreanischer herzhafter Pfannkuchen)
戦前	せんぜん	Vorkriegszeit
公表[する]	こうひょう[する]	öffentliche Bekanntmachung [öffentlich bekannt geben]
夕食	ゆうしょく	Abendessen
次回	じかい	nächstes Mal
校外学習	こうがいがくしゅう	außerschulisches Lernen
定休日	ていきゅうび	Ruhetag
集い	つどい	Treffen, Versammlung
気	き	Wille
まね		Nachahmung
コーヒー豆	コーヒーまめ	Kaffeebohnen
豆	まめ	Bohnen
傷だらけ	きずだらけ	kratzerübersät
案	あん	Idee, Plan, Entwurf
熱っぽい	ねつっぽい	fiebrig
放送局	ほうそうきょく	Rundfunksender
わが社	わがしゃ	meine Firma, unsere Firma
金持ち	かねもち	Reiche/-r
漫才	まんざい	*Manzai* (von einem Duo aufgeführte humoristische Bühnenkunst)
コンビ		Paar, Duo
一応	いちおう	im Großen und Ganzen, so weit
解ける	とける	lösen können
渇く	かわく	durstig werden
祈る	いのる	hoffen, beten
立地[〜条件]	りっち[〜じょうけん]	Standort [-bedingung]
週休	しゅうきゅう	freier Tag in der Woche
〜制	〜せい	〜 System
国家	こっか	Staat, Nation
劣る	おとる	nachstehen, zurückstehen
迷路	めいろ	Labyrinth
一面	いちめん	die gesamte Fläche, überall

見張る	みはる	(die Augen) weit aufreißen
ライフスタイル		Lebensstil
身勝手[な]	みがって[な]	Egoismus [egoistisch]
勝手[な]	かって[な]	Eigenwille [eigensüchtig, eigensinnig]
定期的[な]	ていきてき[な]	regelmäßig
肥料	ひりょう	Dünger
顔色	かおいろ	Gesichtsfarbe
食べかけ	たべかけ	angebissenes Essen
氷	こおり	Eis
やりぬく		zu Ende bringen
政治犯	せいじはん	politischer Verbrecher/Gefangener
逮捕[する]	たいほ[する]	Festnahme [festnehmen]
強いる	しいる	zwingen, nötigen
見事[に]	みごと[に]	in wunderbarer Weise, erfolgreich

Teil II
Grammatikalische Erklärungen

Lektion 13

読む・書く

1. 来日した**たて**の頃、いつもリュックに辞書を詰めて、池袋の街を歩きながら、看板を解読していた。

「〜たて」beschreibt einen Zeitpunkt unmittelbar nach dem Eintreten eines Sachverhalts und drückt aus, dass der Sachverhalt die Eigenschaft von「新鮮だ、未熟だ」(Frische, Unreife) etc. besitzt.

① 田中さんはまだ入社したてですから、この会社のことがよく分かりません。

Weil Herr/Frau Tanaka gerade neu in die Firma eingetreten ist, kennt er/sie sich in der Firma nicht gut aus.

② 結婚したての頃、夫はどんな料理でも「おいしい」と言って食べてくれた。

Als wir noch frisch verheiratet waren, hat mein Mann alles, was ich gekocht habe, gegessen und gesagt: „Es schmeckt gut".

③ しぼりたての牛乳はおいしい。

Milch, die gerade frisch gemolken wurde, schmeckt gut.

2. **たとえ**「月極」と書いてあっ**ても**、ぼくの内なる声は読み違えたりしない。

Mit「たとえ〜ても」nimmt man hypothetisch ein extremes Beispiel an und drückt aus, dass das darauf folgende Resultat selbst in diesem Falle erreicht wird. Des Weiteren deutet die Konstruktion an, dass dasselbe Resultat auch in sämtlichen ähnlichen Fällen wie bei dem extremen Beispiel erreicht wird, und fügt die Nuance von「どんな場合であっても〜」hinzu.

① たとえ今回の実験に失敗しても、またチャレンジするつもりだ。

Selbst wenn ich bei dem diesmaligen Experiment keinen Erfolg habe, beabsichtige ich, es noch einmal zu versuchen.

② たとえ大きな地震が起きても、壊れない丈夫な家が欲しい。

Ich möchte ein stabiles Haus haben, das nicht kaputtgeht, selbst wenn es ein großes Erdbeben gibt.

③ たとえ値段が高くても、質が良ければ売れるはずだ。

Selbst wenn der Preis hoch ist, wird es sich verkaufen, wenn die Qualität gut ist.

Bei な-Adjektiven und Nomina wird die Konstruktion zu「たとえ〜でも」.

④ たとえ貧乏でも、家族が健康で一緒にいられれば幸せだ。

Selbst wenn wir arm sein sollten, bin ich glücklich, wenn die Familie gesund zusammen sein kann.

3. たとえ「月極」と書いてあっても、ぼくの内なる声は読み違え**たりしない**。

「〜たりしない」drückt aus, dass nichts Extremes gemacht wird. Es wird die unerwartete Verbindung hergestellt, dass「〜しない」gilt, obwohl man「普通は〜する」denkt, und man deutet an, dass auch vergleichbare Dinge nicht getan werden.

① あの社長は一度やると決めたら、何があってもやめたりしない。

Wenn der/die Firmenchef/-in sich einmal entschlossen hat, etwas zu tun, wird er/sie nicht aufhören, egal was kommt.

② お母さん、怒らない？
…試験の点数なんかで怒ったりしませんよ。

Mama, wirst du nicht böse?
...(Ach,)Ich werde nicht böse wegen so etwas wie Noten in der Prüfung.

4. のみこむのに苦労した日本語は、佃煮にする**ほど**あった。

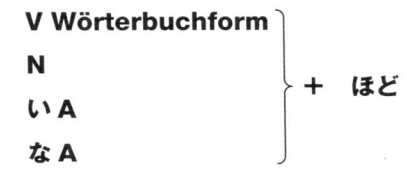

V Wörterbuchform
N
い A
な A
} + ほど

「〜ほど…」beschreibt metaphorisch ein außerordentliches Ausmaß, indem man ein extremes Beispiel「〜」gibt. Zum Beispiel wird bei ① das außerordentliche Ausmaß von「このカレーは辛い」sinnbildlich ausgedrückt, in dem man das extreme Beispiel「涙が出る」nennt.

① このカレーは涙が出るほど辛い。

Dieses Curry ist so scharf, dass einem die Tränen kommen.

② 昨夜はシャワーを浴びずに寝てしまうほど疲れていた。

Ich war gestern Abend so müde, dass ich schlafen gegangen bin, ohne zu duschen.

③ 今年は暖かかったので捨てるほどミカンがとれた。

Weil es dieses Jahr warm war, wurden so viele Mandarinen geerntet, dass man welche weggeschmissen hat.

「ほど」wird auch an die V ない -Form angeschlossen.

④ 入学試験の結果がなかなか届かない。夜眠れないほど心配だ。

Das Ergebnis der Aufnahmeprüfung kommt und kommt nicht an. Ich mache mir so große Sorgen, dass ich nachts nicht schlafen kann.

Es wird auch an い - und な -Adjektive angeschlossen.

⑤ 妻は若い頃、まぶしいほどきれいだった。

Als meine Frau jung war, war sie blendend schön.

⑥ 彼は異常なほどきれい好きだ。

Er ist krankhaft sauberkeitsliebend.

In der Umgangssprache wird 「ほど」 manchmal zu 「くらい」.「くらい」 hat eine etwas lockerere Nuance.

⑦ あの先生に教えてもらうと、不思議な {ほど／くらい} よく分かる。

Wenn man etwas von diesem/-r Lehrer/-in beigebracht bekommt, versteht man es so gut, dass man sich wundert.

話す・聞く

5. いずみさんの結婚式でスピーチをした**んだって**？

「…んだって？」 ist ein zusammengefügter Ausdruck von 「…んだ（＝のだ）」 und dem Ausdruck für Hörensagen 「…って（＝そうだ）」 und wird in der lockeren Umgangssprache verwendet.

① 大学院の試験に合格したんだって？ おめでとう。

Ich habe gehört, dass du die Aufnahmeprüfung des Master-Kurses bestanden hast? Herzlichen Glückwunsch!

② 山田さん、会社を辞めるんだって？

…ええ。辞めて何をするんでしょう。

Ich habe gehört, dass Herr/Frau Yamada in der Firma kündigt?

…Ja. Was wird er/sie wohl machen, nachdem er/sie gekündigt hat?

6. 大阪に住んで**ながら**、まだお好み焼きを食べたことがないんです。

```
V ます -Form －ます
N ／な A          ＋ ながら
い A
```

「X ながら Y」 verbindet X und Y und drückt ein adversatives Verhältnis „X, aber Y" entgegen der Annahme/Erwartung von 「X ならば普通は Y ない」 aus. Als X stehen die ている -Form von Handlungsverben, Zustandsverben und die V ない -Form.

① あの人は、医者でありながら、健康に悪そうなものばかり食べている。

Obwohl er/sie Arzt/Ärztin ist, isst er/sie nur Dinge, die offensichtlich schlecht für die Gesundheit sind (wörtl. schlecht zu sein scheinen).

② 先生は、事件のことを知っていながら、何も言わなかった。

Obwohl der/die Lehrer/-in von dem Zwischenfall wusste, hat er/sie nichts gesagt.

③ 甘いものはいけないと思いながら、目の前にあると食べてしまうんです。

Obwohl ich denke, dass Süßes nicht gut ist, esse ich es leider, wenn ich es direkt vor den Augen habe.

Mit 「ながらも」 betont man eine normalerweise unmögliche Verbindung.

④ 彼は日本語がほとんど話せないながらも、身ぶりで言いたいことを伝えようとしていた。

Obwohl er kaum Japanisch sprechen konnte, hat er versucht, mit Händen und Füßen mitzuteilen, was er sagen wollte.

7. つまり、歌って暮らせばいいことがいっぱいあるってことです。

つまり、 { V / いA / なA / N [ーだ] } einfache Form + という／ってことだ

「つまり」fasst zusammen mit dem Ausdruck「…ということだ」eine Erklärung leicht verständlich zusammen.

① この大学の学生は約1万人で、うち留学生は約1,000人である。つまり、1割は留学生ということだ。

Diese Universität hat etwa 10.000 Studierende, und davon sind ca. 1.000 ausländische Studierende. Das heißt, dass 10% ausländische Studierende sind.

② 休暇は1年に12日あります。つまり1か月に1日は休めるということです。

Urlaub haben Sie 12 Tage im Jahr. Das heißt, dass Sie sich einen Tag im Monat frei nehmen können.

③ 僕の父と太郎のお父さんは兄弟だ。つまり、僕と太郎はいとこ同士ってことだ。

Mein Vater und der Vater von Tarō sind Brüder. Das heißt, dass Tarō und ich Cousins sind.

Als zusätzliche Erklärung wird ein Wort oder ein Satz manchmal mit anderen Worten ausgedrückt.

④ あの人は私の大叔父、つまり祖父の弟だ。

Er (die Person dort drüben) ist mein Großonkel, er ist nämlich der jüngere Bruder meines Großvaters.

⑤ この会社は社長の息子が次の社長になることになっている。つまり、私たち社員は頑張っても社長になれないということだ。

In dieser Firma ist es so, dass der Sohn des Firmenchefs der nächste Firmenchef wird. Das heißt, dass wir Angestellten nicht Firmenchef werden können, selbst wenn wir uns bemühen.

Am Ende des Satzes mit「つまり」wird auch「のだ」etc. benutzt. In diesem Fall wird「のだ」als Umschreibung angewendet.

⑥ このサイトは、会員以外のお客様にはご覧いただけないことになっている。つまり、会員限定のサイトなのだ。

Diese Webseite kann nicht für andere Besucher als die Mitglieder angezeigt werden. Sie ist also eine für Mitglieder beschränkte Seite.

8. 「辛党」は「甘党」の反対だと思ってたの**よね**。

```
V     ⎫
いA    ⎬ einfache Form  ⎫
なA    ⎬ einfache Form  ⎬ + よね。
N     ⎭ －だ             ⎭
```

「…よね」wird benutzt, wenn der Sprecher das Mitgefühl des Hörers anzusprechen versucht, indem er sich noch einmal eine gemeinsame Erkenntnis bestätigen lässt, die sowohl dem Sprecher als auch dem Gesprächspartner bekannt ist.

① 冬の寒い朝ってなかなかベッドから出られないよね。…うん。

An kalten Wintermorgen schafft man es kaum aus dem Bett, oder? … Ja.

② パーティは楽しいけど、帰るときが寂しいんですよね。…そうですよね。

Partys machen Spaß, aber man fühlt sich traurig (wörtl. einsam), wenn man nach Hause geht, nicht wahr? … Das stimmt.

③ ポテトチップスって食べ始めると、なかなかやめられないんだよね。…本当に。

Wenn man einmal anfängt, Chips zu essen, kann man kaum aufhören, nicht wahr? … In der Tat.

Lektion 14

読む・書く

1. テレビアニメの魅力を考える**際**、マンガの存在を無視して語ることはできない。

「〜際」hat in etwa die gleiche Bedeutung wie「〜とき」, wird aber hauptsächlich in der geschriebenen Sprache verwendet.
① 外出の際、必ずフロントに鍵をお預けください。
　Beim Verlassen des Hotels geben Sie bitte unbedingt den Schlüssel an der Rezeption ab.
② ＰＣをお使いの場合は、チェックインの際、必ずお申し出ください。
　Wenn Sie Ihren Computer benutzen möchten, melden Sie sich bitte unbedingt beim Einchecken an.

2. そのどれもが、『ドラゴンボール』**といった**ヒット作品をめざしている。

Dieser Ausdruck bedeutet「N_1などのようなN_2」, und N_1 ist ein konkretes Beispiel von N_2. Es wird angedeutet, dass es noch weitere Beispiele neben N_1 gibt.
① ５月５日には「ちまき」「かしわもち」といった昔からの菓子を食べる習慣がある。
　Am 5. Mai gibt es die Sitte, dass man traditionelle (wörtl. seit langem bestehende) Süßigkeiten, wie z.B. „Chimaki", „Kashiwamochi" etc. isst.
② この大学にはルーマニア、ポーランドといった東ヨーロッパからの留学生が多い。
　An dieser Universität gibt es viele ausländische Studierende aus Osteuropa, wie z.B. aus Rumänien, Polen etc.

3. １秒にも満たない動作の間に主人公の頭に浮かんだ光景が10分間**に（も）わたって**描かれる。

「〜に（も）わたって」drückt aus, dass der Sprecher das Gefühl hat, dass der Zeitraum lang oder das Gebiet weitläufig ist.
① 手術は３時間にわたって行われた。
　Die Operation erstreckte sich über drei Stunden.
② 砂漠は東西450キロにわたって広がっている。
　Die Wüste erstreckt sich 450 km von Ost nach West.

Die Verben, die als Prädikat stehen, sind solche, die Sachlagen oder Zustände, die in einem Bereich überall gleichzeitig auftreten, oder eine Fortdauer in einem Bereich beschreiben können.

③ 東京から大阪にわたる広い地域で地震があった。

In einem großen Gebiet (, das sich) von Tōkyō bis Ōsaka (erstreckte,) gab es ein Erdbeben.

④ パンフレットには投資の方法について詳細にわたって説明されている。

In der Broschüre wird das Verfahren der Kapitalanlage eingehend erläutert.

「～から～にわたって」drückt einen ungefähren Umfang eines Gebiets aus, deswegen hat es eine andere Nuance als「～から～まで」, das einen klaren Umfang eines Gebiets beschreibt.

⑤ 駅前から商店街にわたって水道工事中だ。

Vom Bahnhofsvorplatz bis zur Einkaufsstraße wird gerade an der Wasserleitung gearbeitet.

4. 年月を経るうちに、今やアニメはなくてはならない娯楽となっている。

V Wörterbuchform ／ている ＋ うちに

「～うちに…」drückt aus, dass man durch「繰り返し～すること」(Wiederholung) oder「ずっと～すること」(Fortdauer) automatisch zur Sachlage im hinteren Satzteil,「…」, geführt wird. 「～」ist ein Ausdruck wie「ている」oder「続ける」, der Wiederholung oder Fortdauer ausdrückt.

① 3年間ずっとアルバイトとして働くうちに、仕事を認められて社員になることができた。

In den drei Jahren, in denen ich ununterbrochen als Teilzeitarbeiter/-in gearbeitet habe, wurde meine Arbeit anerkannt, und ich konnte Festangestellte/-r werden. (Wörtl. Während ich drei Jahre die ganze Zeit als Teilzeitarbeiter/-in gearbeitet habe, ...)

Bei「…」kann neben Ausdrücken wie「になる」und「てくる」etc., die das Eintreten einer Änderung oder eines Ereignisses beschreiben,「てしまう」stehen.

② 10年にわたり観察しているうちに、パンダの特徴がよく分かってきた。

Während ich über 10 Jahre hinweg Pandas beobachtet habe, habe ich langsam ihre Eigentümlichkeiten gut verstanden.

③ この時計は、使っているうちに、自然に動かなくなってしまった。

Während ich diese Uhr benutzte, hörte sie leider von selbst auf zu laufen.

5. 子どもたちにとって生まれたときから存在しているアニメは、今やなくてはならない娯楽となっている。

N ＋ にとって…

「～にとってXはYだ」drückt aus, dass man sagen kann, dass ‚X' ‚Y' ist, wenn man es vom Standpunkt von「～」betrachtet. Zum Beispiel wird bei ① gesagt, dass das, worauf die Eigenschaft「十分な睡眠は欠かせないものだ」zutrifft,「赤ちゃん」ist.「～」ist eine Person oder eine Organisation, die die Eigenschaft beurteilt, und der Ausdruck wird in Sätzen mit Prädikatsadjektiv oder Prädikatsnomen benutzt, die Urteile, Erkenntnisse oder Sinneswahrnehmungen ausdrücken.

① 赤ちゃんにとって十分な睡眠は欠かせないものだ。

　　Für Babys ist ausreichender Schlaf etwas Unentbehrliches.

② ビールが嫌いな私にとって、それはただの苦い飲み物だ。

　　Für mich, der/die ich kein Bier mag, ist es einfach nur ein bitteres Getränk.

③ 植物にとって光と水は重要なものだ。

　　Für Pflanzen sind Licht und Wasser wesentliche Dinge.

6. 海外で日本のテレビアニメが受けるわけとは何だろうか。

N ＋ とは

Mit「～とは」erklärt man die Eigenschaften oder Besonderheiten von Dingen, von denen man annimmt, dass der Hörer sie nicht kennt, und gibt eine Definition oder Umschreibung.

① 「デジカメ」とはデジタルカメラのことです。

　　‚Dejikame' bedeutet ‚Digitalkamera'.

② 「負けるが勝ち」とは、相手を勝たせるほうが、結局は自分が得をすることがあるということだ。

　　‚Makeru ga kachi' bedeutet, dass man manchmal letzten Endes mehr profitiert, wenn man den Gegner gewinnen lässt.

In der Umgangssprache wird es zu「～って」oder「～というのは」.

③ 「デジカメ」{って／というのは} デジタルカメラのことだよ。

　　‚Dejikame' bedeutet ‚Digitalkamera'.

Auch wenn der Gesprächspartner die Definition kennt, wird「とは」benutzt, wenn der Sprecher eine andere Auslegung betonen möchte.

④ 彼女にとって家族とはいったい何か。

　　Was ist für sie eigentlich eine Familie?

7. 日本においてマンガでヒットするということは、ブラジルにおいてプロサッカー選手になるがごとくである。

N ＋ において

「～において…」ist eine formelle Entsprechung von「で」und drückt den Zeitpunkt oder den Ort aus, an dem das Ereignis「…」stattfindet.

① 地域社会において今どのような問題があるかをさまざまな立場から分析した。

　　Wir haben von verschiedenen Standpunkten aus analysiert, was für Probleme es jetzt in der Bezirksgemeinschaft gibt.

② 江戸時代においてもっとも力を持っていたのは誰だろうか。
　　Wer könnte es sein, der in der Edo-Zeit am meisten Macht hatte?

Wenn es ein Nomen näher bestimmt, nimmt es die Form von「における」oder「においての」an.

③ この本には現代医学の発展におけるアメリカの役割について書いてある。
　　In diesem Buch steht (einiges) über die Rolle Amerikas in der Entwicklung der modernen Medizin geschrieben.

④ 商品の価格は市場においての需給を反映する。
　　Die Warenpreise spiegeln Nachfrage und Angebot am Markt.

In der höflichen gesprochenen Sprache wiederum nimmt es die Form「～におきまして」an.

⑤ さきほどの奨学金の説明におきまして一部誤りがありました。おわび申し上げます。
　　Bei der Erklärung des Stipendiums vorhin gab es einen Fehler. Wir bitten Sie um Entschuldigung.

8. テレビアニメのおもしろさは保証つきというわけである。

```
V      ⎫
い A   ⎬  einfache Form     ⎫
な A   ⎬  einfache Form     ⎬ ＋ わけだ ／ わけである
N      ⎭  －だ → な          ⎭
N ＋ という
```

「…わけだ」bezeichnet eine Schlussfolgerung「…」, die aus einem im vorherigen Kontext bereits erwähnten Sachverhalt gezogen wurde. Bei ① z.B. wird ausgedrückt, dass man aufgrund der Information「価格は前と同じだが、20グラム少なくなっている」zu der Schlussfolgerung「実質、値上げをした」gekommen ist.

① このチーズは、価格は前と同じだが、20グラム少なくなっている。値上げをしたわけだ。
　　Dieser Käse hat den gleichen Preis wie vorher, aber es sind 20 Gramm weniger. Das heißt, dass der Preis de facto erhöht wurde.

② 江戸時代は1603年に始まり、1867年に終わった。260年余り続いたわけである。
　　Die Edo-Zeit hat im Jahr 1603 begonnen und endete im Jahr 1867. Das heißt, dass sie über 260 Jahre gedauert hat.

Eine weitere Anwendung ist, wenn man das Resultat「…」vorher weiß und einen anderen Sachverhalt als dessen Grund oder Hintergrund begreift. Bei ③ zum Beispiel weiß B von Anfang an, dass nur wenige ausländische Touristen kommen, und es wird ausgedrückt, dass er das, was er von A gehört hat, nämlich dass die Leute aus anderen Ländern möglichst nicht verreisen, als Grund/Hintergrund begriffen hat. Der Ausdruck wird auch an い A, な A und「N＋な」angehängt.

③ A:「インフルエンザの流行で各国の人々が渡航を控えているらしいよ。」
　　B:「外国人の観光客が少ないわけだね。」
　　A: Wegen der Verbreitung der Grippe sollen sich die Leute in vielen Ländern mit Auslandsreisen zurückhalten.
　　B: Darum gibt es wenige ausländische Touristen, nicht wahr?

④ 小川さんは毎日のように、ヨガ、ジャズダンス、マッサージ、スポーツジムに通っている。元気なわけだ。

　　Herr/Frau Ogawa geht fast jeden Tag zum Yoga, Jazz-Tanz, zur Massage oder zum Fitnessstudio. Kein Wunder, dass er/sie fit ist.

Bei Nomina ergibt sich die Form「N＋というわけだ」.

⑤ 山下さんは65歳で退職してから、散歩とテレビの生活を送っている。毎日が日曜日というわけだ。

　　Seitdem Herr/Frau Yamashita mit 65 in Rente gegangen ist, verbringt er/sie seinen/ihren Alltag mit Spaziergängen und Fernsehen; für ihn/sie ist jeder Tag ein Sonntag.

9.

> マンガが作り上げたノウハウがアニメに影響を与え、見ている者を夢中にさせ、続きも見たいという気持ちを起こさせる**のではないだろうか**。

```
V
いA      einfache Form
なA      einfache Form         ＋  のではないだろうか
N        －だ → な
```

「…のではないだろうか」ist ein Ausdruck, mit dem die Ansicht des Sprechers geäußert wird, dass er zwar「…」denkt, aber kein Urteil fällen kann, weil er unsicher ist, ob er recht hat.

① 道路を広げる計画には反対意見が多い。実現は難しいのではないだろうか。

　　Bezüglich des Plans der Erweiterung der Straße gibt es viele Gegenmeinungen. Könnte die Realisierung nicht schwierig werden?

② 日本経済の回復には少し時間がかかるのではないだろうか。

　　Ist es nicht so, dass es für die Erholung der japanischen Wirtschaft ein bisschen Zeit braucht?

③ 情報が少なすぎて不安だ。もう少し情報がもらえたら、住民も安心できるのではないだろうか。

　　Die Einwohner sind verunsichert, weil es zu wenige Informationen gibt. Ist es nicht so, dass sie beruhigt wären, wenn sie ein bisschen mehr Informationen bekommen könnten?

話す・聞く

10. 『銀河鉄道 999』って、どんな話だった**っけ**？

Mit「…っけ」überprüft der Sprecher beim Hörer, ob seine Erinnerung richtig ist, weil er vergessen hat, ob etwas「…」ist. Wenn er sich über eine Tatsache in der Vergangenheit oder etwas, das er eigentlich wissen müsste, unsicher geworden ist, vergewissert er sich damit. Der Ausdruck wird ausschließlich in der Umgangssprache benutzt.

① 今日は何曜日だったっけ？
　 Was war heute noch mal für ein Tag?
② 荷物はいつ届くんだったっけ？
　 Wann kommt noch mal das Gepäck an?
③ あれ？田中さん、メガネかけてたっけ？
　 Hm? Trug Herr/Frau Tanaka immer eine Brille?

11. クレアは鉄郎の温かい手に触れて、「血の通った体になりたい」って悲し**げ**に言うんだ。

「〜げ」drückt aus, dass etwas die Stimmung von「〜」hat, oder dass man den Anschein von「〜」ein wenig wahrnehmen kann. Man kann nicht hundertprozentig sagen, dass etwas「〜」ist, aber es wird ausgedrückt, dass es nah an diesem Zustand ist.

① 主人が出かけるとき、うちの犬の表情はいつも悲しげだ。
　 Wenn mein Mann das Haus verlässt, macht unser Hund immer ein trauriges Gesicht.
② 母親は、息子が甲子園野球大会に出ることになったと得意げに話していた。
　 Die Mutter erzählte mit Stolz, dass es sich so ergeben hätte, dass ihr Sohn an dem Baseballturnier in Kōshien teilnimmt.
③ 地震の影響で工場を閉じることになったと説明する社長は悔しげだった。
　 Der/die Chef/-in, der/die erklärte, dass die Fabrik wegen der Auswirkungen des Erdbebens geschlossen werden müsse, sah verärgert aus.

Lektion 15

読む・書く

1. アリをよく観察すると、働いているアリを横目にただ動き回っているだけのアリたちが**いるという**。

「Xという」drückt Hörensagen (die Weitergabe von X, das man von einer anderen Person gehört hat) aus. Es wird in der Schriftsprache verwendet.

① 日本で最も古い大学が京都にあるという。

Es wird gesagt, dass die älteste Universität Japans in Kyōto sei.

② LED電球は省エネ性能や寿命の長さで優れている。普通の電球の8分の1から5分の1の電気代で済み、寿命は40倍あるという。

LED-Glühbirnen sind in puncto Energiesparleistung und Lebensdauer überragend. Es heißt, dass man mit einem Achtel bis einem Fünftel der Stromkosten auskomme, und dass die Lebensdauer vierzigmal länger sei.

2. スタープレイヤーを集めたチームがまったく優勝にからめなかったりする**たびに**、この法則はかなり当たっているのではないかという気がしてくる。

「〜たびに」bedeutet「〜と、いつもそのときには」.

① 隣のうちのお嬢さんは会うたびにきれいになっている。

Jedes Mal, wenn ich die Tochter aus dem Nachbarhaus sehe, ist sie schöner.

② 欧米では転職するたびに給料が上がるというが、日本では必ずしもそうではない。

Es wird gesagt, dass man in Europa und Amerika jedes Mal mehr Gehalt bekommt, wenn man seinen Job wechselt, aber in Japan ist es nicht unbedingt der Fall.

Wenn es einem Nomen folgt, wird es「〜のたびに」.

③ 大切な連絡を待っていたので、休み時間のたびにメールをチェックした。

Weil ich auf eine wichtige Mitteilung gewartet habe, habe ich meine E-Mails in jeder Pause gecheckt.

3. 働きアリ**に関する**有名な研究がある。

N ＋ に関する／関して／関しての

「〜に関して」beschreibt, worum es bei「〜」geht.

① 今回の講演会に関してご意見のある方はこの紙に書いて出口の箱にお入れください。

Wenn Sie Meinungen zum (wörtl. zum diesmaligen) Vortrag haben, schreiben Sie sie bitte auf diesen Zettel und werfen Sie ihn bitte in den Kasten am Ausgang.

② このレポートでは、日本経済の現状に関して説明する。

In diesem Bericht informiere ich über den derzeitigen Zustand der japanischen Wirtschaft.

「～に関して」hat in etwa die gleiche Bedeutung wie「～について」, ist aber schriftsprachlicher.

③ ねえ、田中さん。弟がコンピューターが安い店{○について／×に関して}聞きたいって言ってるんだけど、教えてあげてくれない？（umgangssprachlich）

Du, Tanaka, mein jüngerer Bruder sagt, dass er dich gerne nach günstigen PC-Geschäften fragen möchte. Kannst du sie ihm bitte sagen?

Zur näheren Bestimmung von Nomina wird es in der Form「～に関する」oder「～に関しての」benutzt.

④ 東京で環境問題に関する会議が開かれた。

In Tōkyō wurde eine Konferenz zu Umweltproblemen abgehalten.

4. 彼らは、一見忙しそうに動いているのだが、えさを担いでいる**わけではない**らしい。

V
いA } einfache Form
なA } einfache Form   } ＋ わけではない
N   } －だ→な
N ＋ という

「…わけではない」verneint eine Schlussfolgerung, die aus dem Kontext oder aus der Sachlage allgemein oder leicht abgeleitet werden kann.

① この店は人気があるが、必ずしも毎日大勢の客が入るわけではない。

Dieser Laden ist beliebt, aber das heißt nicht unbedingt, dass jeden Tag viele Gäste kommen.

② 宿題はたくさんあるが、今日中に全部しなければならないわけではない。

Ich habe viele Hausaufgaben, aber es ist nicht so, dass ich alles heute noch erledigen muss.

③ 彼はベジタリアンだが、卵まで食べないわけではないらしい。

Er ist Vegetarier, aber es scheint nicht so zu sein, dass er auch kein Ei isst.

④ この店の商品はどれも安いが、品質が悪いわけではないだろう。安くても良い品もある。

In diesem Laden ist jeder Artikel billig, aber das heißt wohl nicht, dass die Qualität schlecht ist. Es gibt auch Waren, die billig und trotzdem gut sind (wörtl. die gut sind, auch wenn sie billig sind).

Der Ausdruck wird oft zusammen mit Adverbien, die „alles" bedeuten, wie「みんな」,「いつも」,「必ずしも」,「全く」etc., benutzt.

⑤ 日本人がみんな親切なわけではありません。
　　Nicht alle Japaner sind freundlich.
⑥ 姉は会社員だけど、土日がいつも休みなわけじゃないみたいだよ。
　　Meine ältere Schwester ist Firmenangestellte, aber das heißt anscheinend nicht, dass sie samstags und sonntags immer frei hat.
⑦ この病気に関する研究は少ないが、全くないわけではない。
　　Es gibt wenig Forschung zu dieser Krankheit, aber das heißt nicht, dass es gar nichts gibt.

「…わけではない」kann ausdrücken, dass man nicht ganz beurteilen kann, ob etwas「…」oder「…ではない」ist.

⑧ 行きたくないわけじゃないが、行きたいわけでもない。
　　Es ist nicht so, dass ich nicht gehen möchte, aber es ist auch nicht so, dass ich gehen möchte.

5.

> 組織には偉大なる脇役たちがいないと、組織は徐々に疲弊していくのではないか。

V
いA　｝einfache Form
なA　｝einfache Form　｝＋　のではないか
N　　｝ －だ → な

「…のではないか」drückt aus, dass man annimmt, dass「…」wahrscheinlich richtig ist, sich aber nicht ganz sicher ist.

① 鈴木氏は今度の選挙に出るのではないか。
　　Ist es nicht so, dass Herr/Frau Suzuki bei der nächsten Wahl kandidiert?

Zusammen mit「と思う」,「と思われる」,「とのことだ」etc. wird es zu einem Ausdruck, der den Gedanken des Sprechers zurückhaltend ausdrückt.

② 新聞によると、今度の選挙に鈴木氏が出るのではないかとのことだ。
　　Laut der Zeitung wird Herr/Frau Suzuki vermutlich bei der nächsten Wahl kandidieren.

③ 留学している息子から何の連絡もない。何かあったのではないか。
　　Ich höre von meinem Sohn, der im Ausland studiert, überhaupt nichts. Ob vielleicht etwas passiert ist?

④ さまざまな意見が出て会議が混乱しているので、調整が必要なのではないかと思う。
　　Weil viele verschiedene Meinungen vorgebracht wurden, und die Sitzung durcheinander geraten ist, denke ich, dass es wahrscheinlich notwendig ist, die Ordnung wiederherzustellen.

6. 組織には偉大なる脇役たちがいないと、組織は徐々に疲弊していくのではないか、というのが私の観察な**のである**。

$$\left.\begin{array}{l} V \\ いA \\ なA \\ N \end{array}\right\} \begin{array}{l} \text{einfache Form} \\ \\ \text{einfache Form} \\ -だ \rightarrow な \end{array} \Bigg\} + のだ$$

「…のだ」drückt den Inhalt des vorausgehenden Satzes mit einer anderen Formulierung aus.

① 彼はまだお酒が飲めない年齢だ。未成年なのだ。

Er ist noch in einem Alter, in dem man keinen Alkohol trinken darf (wörtl. kann). Er ist nämlich minderjährig.

② 父は私が3歳のときに亡くなりました。母が一人で私を育ててくれたのです。

Mein Vater ist gestorben, als ich drei war. Also hat meine Mutter mich alleine großgezogen.

In der Umgangssprache wird der Ausdruck zu「んです」.

③ 来週は田中さんが当番だったんですけど、私が来ます。代わりにさ来週は田中さんが来ます。

…分かりました。山本さんと田中さんが交代するんですね。

Nächste Woche sollte (eigentlich) Herr/Frau Tanaka Dienst haben, aber ich komme. Dafür kommt übernächste Woche Herr/Frau Tanaka.

… Alles klar. Sie und Herr/Frau Tanaka tauschen also den Dienst.

「のだ」umschreibt zusammen mit「つまり」,「私が言いたいのは」,「一言でいえば」,「言い換えれば」etc., was man bis dahin erwähnt hat.

④ 15人の受験生のうち13人が不合格だった。つまり、2人しか合格しなかったのである。

13 von 15 Examenskandidaten sind durchgefallen. Das heißt, dass nur zwei bestanden haben.

⑤ 鈴木さんはピアニストで、奥さんは歌手だ。2人の子どももそれぞれ楽器を習っている。一言でいえば、鈴木家は音楽一家なのだ。

Herr Suzuki ist Pianist, und seine Frau ist Sängerin. Ihre beiden Kinder lernen auch jeweils ein Musikinstrument. In einem Wort ist Familie Suzuki eine Musikerfamilie.

⑥ この商品は国内では販売されていない。言い換えれば、海外でしか買えないのです。

Diese Ware wird nicht im Inland verkauft. Mit anderen Worten, man kann sie nur im Ausland kaufen.

話す・聞く

7. 老舗といえる**ほどのものじゃありません**。

「…ほどの｛もの／こと｝じゃない」drückt aus, dass etwas nicht das Niveau von「…」erreicht. In der Umgangssprache kann es zu「…ほどのもんじゃない」werden.

① 確かに優勝はしましたが、国民栄誉賞をいただくほどのものじゃありません。

　Ich habe zwar eine Meisterschaft errungen, aber das ist es nicht wert, dass ich einen nationalen Ehrenpreis bekomme.

② 狭い庭なんですよ。庭といえるほどのものじゃありません。

　Es ist ein kleiner Garten. Man kann ihn nicht wirklich einen Garten nennen.

Wenn der Ausdruck an ein Nomen oder den Stamm eines な A angeschlossen wird, muss man「〜という」oder「〜って」hinzufügen.

③ 朝食は食べましたか。

　…朝食というほどのものじゃないですけど、バナナを食べました。

　Haben Sie gefrühstückt?

　… Man kann es nicht gerade ein Frühstück nennen, aber ich habe eine Banane gegessen.

④ うちの犬の写真を見てください。ハンサムってほどのもんじゃありませんが、なかなかいい顔をしてるでしょう？

　Schauen Sie sich bitte das Foto von unserem Hund an. Man kann ihn nicht gerade als gutaussehend bezeichnen, aber er hat doch ein ziemlich schönes (wörtl. gutes) Gesicht, oder?

8. 伝統的なもの**だけじゃなく**、モダンなデザインの製品も製造しています。

「XだけでなくY」drückt aus, dass Y zu X hinzugefügt wird.

① この店はパンを売るだけじゃなく、パンの作り方教室も開いている。

　In diesem Laden wird nicht nur Brot verkauft, sondern es werden auch Brotbackkurse angeboten.

An das, was hinzugefügt wird (= Y), wird「も」oder「まで」etc. angehängt.

② ボランティア活動は相手のためだけでなく、自分のためにもなることが分かった。

　Mir wurde klar, dass ehrenamtliche Aktivitäten nicht nur zum Vorteil des Empfängers, sondern auch zu meinem eigenen Vorteil sind.

③ 社内で結核の患者が出たので、本人だけでなく、周りの人まで検査を受けなければならない。

　Da in der Firma Leute an Tuberkulose erkrankt sind, müssen sich nicht nur die Betroffenen, sondern auch die, die näher mit ihnen zu tun hatten (wörtl. die Leute um sie herum) einer Untersuchung unterziehen.

9. 太鼓といえば、佐渡の「鬼太鼓」が有名ですよね。

N ＋ といえば

「N₁ といえば N₂」drückt aus, dass der Sprecher N₁, das im vorherigen Kontext vorgekommen ist, mit N₂ verbindet. Wie bei ① kann man N₁ mit einem typischen Beispiel verbinden, es kann aber auch wie bei ② mit einem für den Hörer unerwarteten Beispiel verbunden werden.

① スイスといえば、時計やチョコレートなどが有名ですね。

　　Wenn man von Schweiz spricht, sind Uhren und Schokolade bekannt, nicht wahr?

② 日本では牛肉・豚肉・鳥肉が一般的だが、モンゴルでは肉といえば羊の肉だそうだ。

　　In Japan sind Rindfleisch, Schweinefleisch und Hühnerfleisch häufig, aber wenn man in der Mongolei von Fleisch spricht, ist es Lammfleisch, heißt es.

「～といえば」kann zu「～というと」oder「～といったら」werden。

③ 教育というと、学校の仕事だと思うかもしれないが、そうではない。

　　Wenn man von Ausbildung spricht, denkt man vielleicht, dass es die Aufgabe der Schule ist, aber das stimmt nicht.

④ 日本といったら、若い人はアニメ、中年以上の人は車と言うだろう。

　　Wenn man von Japan spricht, reden junge Leute (meist) von *Anime* und Leute ab dem mittleren Alter von Autos.

Weil N₂ eine dem Hörer unbekannte Information ist, wird es mit der Nuance 注意して聞くように verwendet.

⑤ 来週ソウルに出張するんですよ。

　　…ソウルといえば、3年ほど前に帰国したパクさん、結婚するらしいですよ。

　　Nächste Woche mache ich eine Dienstreise nach Seoul.

　　　... Bei Seoul fällt mir ein, dass Herr/Frau Park, der/die vor drei Jahren nach Korea zurückgekehrt ist, heiraten soll.

Die Konstruktion kann auch ausdrücken, dass der Sprecher möchte, dass der Hörer noch einmal aufmerksam zuhört, auch wenn es sich um eine dem Hörer bekannte Information handelt.

⑥ ストレス解消といえば、やっぱり運動ですよね。

　　Wenn man von Stressabbau spricht, ist Sport doch das Richtige, nicht wahr?

Lektion 16

読む・書く

1. 会員のうち３人は既に請求に応じて支払いを済ませている。

(1)「〜」(請求 einer Bitte・要求 einer Forderung・要望 einem Wunsch) entsprechend.

① 学生たちは大学に授業料についての要求をしました。１年間話し合った後，大学は要求に応じました。

Die Studierenden hatten an die Universität eine Forderung bezüglich der Studiengebühren gestellt. Nachdem man (das Thema) ein Jahr lang besprochen hatte, ist die Universität der Forderung nachgekommen.

② その会社は消費者の要望に応じて、商品の品質検査を強化した。

Die Firma hat, dem Wunsch der Verbraucher entsprechend, die Qualitätskontrollen der Waren verstärkt.

③ その企業は取引先の注文に応じて、製品の開発を進めてきた。

Das Unternehmen hat (bis heute) entsprechend dem Wunsch der Klienten die Produktentwicklung stets vorangetrieben.

(2) Wenn bei「〜に応じて…」für「〜」ein Wort, das eine Veränderung oder Verschiedenartigkeit ausdrückt, verwendet wird, heißt es, dass entsprechend der Veränderung oder der Verschiedenartigkeit「…」passiert.

④ 時代の変化に応じて若者の文化や考え方も変わる。

Entsprechend dem, wie sich die Zeiten ändern, ändern sich auch die Jugendkultur und die Denkweise der Jugendlichen.

⑤ この店では客の１年間の買い物額に応じて景品を出している。

In diesem Laden werden den Kunden Geschenke je nach der Summe der Einkäufe im Jahr gemacht.

2. 外部からの情報引き出しによってか、データ流失が起きたものとみられる。

「〜によって」drückt in diesem Fall eine Ursache aus. Wenn es ein Nomen näher bestimmt, nimmt es die Form「〜による N」an.

① 急激な円高によって経営が苦しくなり、倒産する企業もある。

Es gibt auch Unternehmen, die wegen des plötzlichen Anstiegs des Yen Schwierigkeiten mit dem Betrieb bekommen und in Konkurs gehen.

② ＡＴＭのトラブルによる被害は、この銀行の利用者にとどまらない。

Der Schaden durch die Probleme mit den Geldautomaten beschränkt sich nicht auf die Kunden (wörtl. Nutzer) dieser Bank.

3. 外部からの情報引き出しによってか、データ流失が起きたもの**とみられる**。

「〜とみる」hat die Bedeutung von「〜と考える」, wobei es auf einer objektiven Grundlage beruht. Es wird oft in der Form von「〜とみられる」in Nachrichtenmeldungen etc. verwendet.

① 電力会社は12日の最大電力需要を2,460KWとみており、停電の恐れはないとしている。

　　Das Elektrizitätswerk schätzt, dass der maximale Strombedarf am Zwölften 2.460 kW beträgt, und sagt, dass die Gefahr eines Stromausfalls nicht besteht.

② 自動車業界は東南アジアでの自動車の需要はまだまだ伸びるとみている。

　　Die Automobilindustrie glaubt, dass die Nachfrage nach Autos in Südostasien noch weiter steigen wird.

In Nachrichtenmeldungen etc. wird es oft in der Form von「…とみられる」benutzt. Genauso wie「…と考えられる／思われる」drückt dies die Gedanken des Sprechers aus.「…とみられている」dagegen drückt nicht die Gedanken des Sprechers, sondern die der Allgemeinheit oder von vielen Menschen aus.

③ 期待の新人はメジャーリーグに挑戦するとみられている。

　　Man vermutet, dass sich der erfolgversprechende Nachwuchs in der Major League versuchen wird.

4. MNK社は、データ流失は外部からの情報引き出しによって起きたもの**としている**。

Mit「〜は…としている」drückt man den Inhalt「…」aus, den「〜」offiziell geäußert hat.

① 政府は景気が回復するまでは消費税を上げないとしている。

　　Die Regierung sagt, dass sie die Mehrwertsteuer nicht erhöhen wird, bis die Konjunktur sich erholt.

② 学校側は少子化に備えてカリキュラムを見直すとしている。

　　Die Schule sagt, dass sie in Vorbereitung auf die sinkende Geburtenrate noch einmal den Lehrplan überprüft.

5. 情報管理を厳しくしていた**にもかかわらず**、今回の事態が起きたことは遺憾である。

einfache Form
　なA　ーだ　→　ーである
　N　　ーだ　→　ー／ーである
　　　　　　　　　　　　　　　　＋　にもかかわらず

「XにもかかわらずY」drückt aus, dass Y anders als das aufgrund von X erwartete Resultat ist. Y kann entweder ein gutes oder ein schlechtes Resultat sein, aber in den meisten Fällen wird die Überraschung oder die Unzufriedenheit des Sprechers ausgedrückt. Es ist ein etwas formeller Ausdruck, wird aber nicht nur in der Schriftsprache, sondern auch in der gesprochenen Sprache verwendet.

① 本日は年末のお忙しい時期にもかかわらず、こんなに多くの方にお集まりいただきありがとうございます。

Ich bedanke mich, dass Sie sich heute so zahlreich versammelt haben, trotz des Jahresendes, wo Sie so viel zu tun haben.

② 地震のあとに津波が来ることが予測されていたにもかかわらず、すぐに避難しなかったことが被害を大きくした。

Dass man nicht sofort evakuiert hat, obwohl vorausgesehen worden war, dass nach dem Erdbeben ein Tsunami kommt, hat die Schäden vergrößert.

③ この学校には十分な予算があるにもかかわらず、設備の改善にはあまり使われていない。

Obwohl diese Schule genug Budget hat, wird nicht besonders viel für die Verbesserung der Einrichtung verwendet.

6. MNK社は被害を受けた会員におわびの書面を送る**とともに**、会員カードの更新などの対策を早急に講ずるとしている。

V Wörterbuchform } + とともに
N

「XとともにY」drückt aus, dass gleichzeitig mit dem Ereignis X das Ereignis Y passiert.

① 警察は、犯人を追うとともに、近所の住人に注意を呼びかけている。

Die Polizei verfolgt den Täter und ermahnt gleichzeitig die Bewohner in der Nachbarschaft zur Vorsicht.

② 彼は大学で研究生活を続けるとともに、小説を書くことをあきらめていない。

Er führt sein Leben als Forscher an der Universität weiter und gibt gleichzeitig das Romanschreiben nicht auf.

③ 社名を変更するとともに、新たなホームページを立ち上げた。

Sie haben den Firmennamen geändert und gleichzeitig eine neue Homepage eingerichtet.

Neben der Wörterbuchform von Verben kann es auch zusammen mit einem Nomen, das ein Ereignis ausdrückt, benutzt werden.

④ 社名の変更とともに制服も新しいデザインになった。

Zusammen mit der Änderung des Firmennamens hat auch die Uniform ein neues Design bekommen.

7. 不審に思って振込口座名を調べたところ、既に口座は閉じられていた。

V た-Form ＋ ところ

「XたところY」drückt aus, dass man die Situation Y erkannt hat, nachdem man die Handlung X durchgeführt hat. Sowohl X als auch Y werden in der Vergangenheitsform benutzt. Für ein Ereignis in der Zukunft wird es nicht benutzt. Es ist ein förmlicher Ausdruck, der hauptsächlich in der Schriftsprache benutzt wird.

① 教授に大学新聞への原稿をお願いしたところ、すぐに引き受けてくださった。

Als ich den Professor um einen Beitrag für die Universitätszeitung gebeten habe, hat er sofort zugesagt.

② 財布を落としたので、警察に行ったところ、ちょうど拾った人が届けに来ていた。

Als ich zur Polizei gegangen bin, weil ich mein Portemonnaie verloren hatte, war gerade die Person da, die es gefunden hatte, um es abzugeben.

③ 身分証明書が必要かどうか確かめたところ、不要だということだった。

Als ich nachgefragt habe, ob ich den Ausweis brauche, wurde mir gesagt, dass er nicht nötig ist.

話す・聞く

8. あんまり落ち込んでいるから、人身事故でも起こしたのかと思った。

「あんまり／あまりXからY」drückt die Beziehung zwischen X und Y aus, dass Y als Folge davon passiert ist, dass der Grad von X hoch war.

① 電気料金があんまり高いもんだから、調べてもらったら、やっぱり電力会社の間違いだった。

Weil die Stromrechnung allzu hoch war, habe ich sie überprüfen lassen, und es war dann tatsächlich ein Fehler von der Stromfirma.

② 電話をかけてきた相手の言葉遣いがあんまり失礼だったから、思わず切ってしまった。

Weil die Ausdrucksweise der Person, die mich angerufen hat, dermaßen unhöflich war, habe ich ohne nachzudenken aufgelegt.

9. 危うく事故を起こすところだった。

V Wörterbuchform
ない-Form －ない ＋ **ところだった**

Mit「…ところだった」wird etwas ausgedrückt, das nicht den Tatsachen entspricht (in Wirklichkeit ist「…」nicht passiert).

「…」ist normalerweise ein unerwünschtes Ereignis. In der Form「Xたら／ば、Yところだった」kann auch ausgedrückt werden, dass Y passiert wäre, wenn X passiert wäre (in Wirklichkeit ist X nicht passiert, deswegen ist Y nicht passiert). Die Konstruktion kann auch zusammen mit Ausdrücken wie「危うく」、「もう少しで」etc. benutzt werden.

① たばこの火がカーテンに燃え移っていた。気づくのが遅れたら、火事になるところだった。
　　Der Vorhang hatte sich an der Glut der Zigarette entzündet (wörtl. Die Glut der Zigarette hatte auf den Vorhang übergegriffen). Wenn ich es zu spät gemerkt hätte, wäre ein Brand entstanden.

② 明日は漢字のテストだよ。
　　…あっ、そうだったね。忘れるところだった。ありがとう。
　　Morgen ist doch ein *Kanji*-Test.
　　...Ach ja, stimmt. Das hätte ich beinahe vergessen. Danke!

③ こんなところに薬を置いたのは誰？　もう少しで赤ちゃんが口に入れるところだったよ。
　　Wer hat denn die Medikamente an so einen Platz gelegt? Das Baby hätte sie beinahe in den Mund genommen!

10. お金のないときに限って、お金が必要になるんだよなあ。

N ＋ に限って

「Xに限ってY」bedeutet, dass Y besonders im Falle von X gilt. Bei ① und ② wird mit Unzufriedenheit ausgedrückt, dass das Resultat Y eintritt, welches das Gegenteil von dem ist, was man aufgrund von X erhofft.

① デートの約束をしている日に限って、残業を頼まれる。
　　Ausgerechnet an den Tagen, wo ich ein Date habe, werde ich darum gebeten, Überstunden zu machen.

② 子どもって親が忙しいときに限って熱を出したりするんですよね。
　　Gerade wenn die Eltern viel zu tun haben, bekommen die Kinder Fieber oder Ähnliches, nicht wahr?

Andererseits wird manchmal wie bei ③ in der Form「Xに限ってYない」die Einschätzung ausgedrückt, dass es wegen der Erwartung und des Vertrauens X gegenüber zu keinem schlechten Ergebnis kommen wird.

③ うちの子に限ってそんなことをするはずがない。
　　Mein Kind wäre das letzte, das so etwas tun würde.

Lektion 17

読む・書く

1. 古代ローマで使われていた暦は1年が304日、10か月**からなっている**。

Bei「XはYからなる／なっている」bezeichnet Y die Bestandteile, die X bilden.
① 日本は47の都道府県からなっている。
　Japan besteht aus 47 Präfekturen.
② 10人の科学者からなる研究グループによって、調査が行われた。
　Von einer Forschungsgruppe, die aus 10 Wissenschaftlern besteht, wurde eine Untersuchung durchgeführt.

2. 太陽暦に切り替えられた大きな理由**としては**、次のようなことが挙げられる。

Mit「〜としては」wird das, was auf「〜」zutrifft, im hinteren Teil genannt.
① 北海道のお土産としては、クッキーやチョコレートなどが有名である。
　Als Mitbringsel aus Hokkaidō sind Plätzchen, Schokolade etc. berühmt.
② マンガのテーマとしては、「恋愛」や「冒険」などが好まれる。
　Als Themen für *Manga* werden unter anderem „Liebe" und „Abenteuer" bevorzugt.

3. 諸外国との外交**上**、同じ暦を使用するほうが便利だった。

「〜上」wird an Nomina angeschlossen und bedeutet「〜の点から」oder「〜の点で」.
① 家の中でテレビを長時間つけているのは教育上よくない。
　Zu Hause lange Zeit den Fernseher anzuhaben, ist vom pädagogischen Standpunkt aus nicht gut.
② 会社の経営上、今より社員を増やすことは難しい。
　Mehr Angestellte anzustellen als jetzt, ist betriebstechnisch schwierig.
③ 雨の日に傘をさして自転車に乗るのは交通安全上、非常に危険である。
　An einem Regentag mit einem aufgespannten Regenschirm Fahrrad zu fahren, ist vom Gesichtspunkt der Verkehrssicherheit aus äußerst gefährlich.
④ 1960年代の初めは日本製のアニメは番組編成上の穴埋めとして放送されていた。
　Anfang der 60er Jahre wurden die in Japan produzierten *Anime* als Lückenbüßer in der Programmgestaltung ausgestrahlt.

4. 改暦を行うことにより、12月の給料を１か月分払わずに済ませた。

「～により／によって」drückt hier ein Mittel oder eine Methode aus.
① この会社は、工場を海外に移したことにより、コストを下げるのに成功した。
   Diese Firma hat dadurch erfolgreich die Kosten gesenkt, dass sie ihre Fabrik ins Ausland verlegt hat.
② 宅配便によって、全国どこへでも遅くとも２日以内には荷物が届くようになった。
   Durch den Paket-Zustelldienst können Pakete nun spätestens innerhalb von 2 Tagen überall im ganzen Land geliefert werden.

5. 「九月」は夜が長く月が美しいことから「長月」と名づけられていた。

```
V   ⎫
いA  ⎬ einfache Form
なA  einfache Form          ⎫
        －だ → －な／－である  ⎬ ＋ことから
N       －だ → －である        ⎭
```

「～ことから」drückt aus, dass der Inhalt von 「～」 ein Grund oder eine Ursache ist. Nach 「～ことから」kann wie bei ① und ② eine Tatsache stehen, aber auch wie bei ③ ein Urteil des Sprechers. Es ist ein förmlicher Ausdruck, der hauptsächlich in der Schriftsprache verwendet wird.
① 夫にスーパーの袋を捨てないように注意したことから、けんかになった。
   Weil ich meinen Mann ermahnt habe, die Supermarkttüten nicht wegzuwerfen, haben wir uns gestritten (wörtl. kam es zum Streit).
② この駅では、発車ベルがうるさいという苦情が出たことから、ベルの代わりに音楽を使うようになった。
   Weil es Beschwerden gab, dass die Warnglocke bei der Zugabfahrt zu laut sei, ist man in diesem Bahnhof dazu übergegangen, anstatt der Glocke Musik zu benutzen.
③ 発掘調査で指輪やネックレスが発見されたことから、この墓は身分の高い人のものだと考えられる。
   Weil bei den Ausgrabungsarbeiten unter anderem Ringe und Ketten gefunden wurden, kann man davon ausgehen, dass es das Grab eines Menschen von hohem Stand ist.

6. 予算不足にもかかわらず、新制度の導入でたくさんの役人を補充せざるを得なかった。

V ない-Form ＋ ざるを得ない
(＊「する」→「せざるを得ない」)

「～ざるを得ない」bedeutet, dass man wegen der Umstände oder der Sachlage「～」nicht vermeiden kann, obwohl man es nicht tun möchte. Wenn es wie bei ② in der Form「～ざるを得なかった」benutzt wird, bedeutet es, dass man tatsächlich ～ getan hat, weil man es nicht vermeiden konnte.

① 熱が39度もある。今日は大事な会議があるが、休まざるを得ない。

Ich habe 39 Grad Fieber. Heute ist (zwar) eine wichtige Sitzung, aber ich kann nicht anders als nicht arbeiten zu gehen.

② 頂上まであと少しのところで吹雪に遭い、引き返さざるを得なかった。

Wir sind kurz vor dem Gipfel in einen Schneesturm geraten und konnten nicht anders als umzukehren.

③ 参加者が予想よりはるかに少なかった。残念だが、今日のイベントは失敗だと言わざるを得ない。

Es waren bei weitem weniger Teilnehmer als erwartet. Leider können wir nicht umhin zu sagen, dass die heutige Veranstaltung ein Misserfolg war.

Der Ausdruck ist etwas förmlich, aber er wird nicht nur in der Schriftsprache, sondern auch in der gesprochenen Sprache verwendet.

話す・聞く

7. 優太が幼稚園に行くようになって**はじめて**節分のことを知りました。

「XしてはじめてY」bedeutet, dass nach X (endlich) Y passiert. Es wird verwendet, wenn man sagen möchte, dass X nötig ist, damit Y passiert.

① 子どもを持ってはじめて親のありがたさが分かった。

Ich habe den Wert der Eltern erst erkannt, nachdem ich ein Kind bekommen habe.

② 就職してはじめてお金を稼ぐことの大変さを知りました。

Ich habe erst begriffen, wie anstrengend es ist, Geld zu verdienen, nachdem ich eine Stelle gefunden hatte.

8. 優太：お父さんは優しいよ。お母さんのほうが怖い。
母　：優太**ったら**。

「XったらY」ist so ähnlich wie「XはY」, aber Y wird mit dem Gefühl der Sprachlosigkeit oder Kritik gegenüber X ausgedrückt.

① お母さんったら、どうして子どもの名前を間違えて呼ぶのよ。たった3人なのに。

Mamaaaa, warum nennst du uns mit dem falschen Namen? Wir sind doch nur drei Kinder!

② うちで飼ってるチロったら、私のことを母親だと思ってるんですよ。

Unser Hund, Chiro, denkt, dass ich seine Mutter bin.

9. 優太君は6歳にしては大きいね。

(1) N ＋ にして

(2) einfache Form
　　なA －だ → －である 　　　　＋ にしては
　　N 　 －だ → －／－である

「XにしてはY」bedeutet, dass etwas abweichend vom Grad/Niveau, der/das aufgrund der Voraussetzung X erwartet wird, Y ist. Für Y kann sowohl etwas Gutes als auch etwas Schlechtes stehen.

① 彼女のピアノの腕は素人にしては相当のものだ。

Für einen Amateur ist ihre Geschicklichkeit beim Klavierspielen ansehnlich.

② このレポートは一晩で書いたにしてはよくできている。

Dafür, dass diese Hausarbeit in einer Nacht geschrieben wurde, ist sie gut geworden.

③ スペイン語は半年ほど独学しただけです。

…そうですか。それにしてはお上手ですね。

Spanisch habe ich nur etwa ein halbes Jahr autodidaktisch gelernt.

... Ach ja? Dafür können Sie es aber gut.

X ist nur eine Annahme, deswegen kann man es auch benutzen, wenn man nicht weiß, ob es in Wirklichkeit richtig ist.

④ お父さん、残業にしては遅すぎるよ。飲みに行っているのかもしれないね。

Selbst wenn Papa Überstunden macht, ist er jetzt zu spät. Vielleicht ist er trinken gegangen.

10. 日本に住んでるからには、日本の四季折々の行事を知らないといけないと思う。

V einfache Form
N einfache Form　　＋ からには
　　－だ → である

「XからにはY」drückt aus, dass selbstverständlich Y gilt, weil X gilt. Als Y kommen oft Ausdrücke vor, die Befehle, Pflichten, Willen, Wünsche etc. ausdrücken.

① 大学院に入ったからには、どんなに大変でも学位を取って国へ帰りたい。

Weil ich nun einmal mit dem Studium in der Graduiertenabteilung angefangen habe, möchte ich mit einem akademischen Grad in mein Heimatland zurückkehren, egal wie hart es ist.

② 私は負けず嫌いだ。ゲームでも何でも、やるからには勝たなければならないと思う。

Ich bin ehrgeizig. Ob es um ein Spiel oder sonst etwas geht, ich denke, wenn man es schon einmal macht, muss man (auch) gewinnen.

③ 日本での就職を目指すからには、敬語はしっかり勉強しておいたほうがいい。

    Wenn man schon nach einer Anstellung in Japan strebt, sollte man besser im Voraus die Höflichkeitssprache gründlich lernen.

In Sätzen, die eine bereits geschehene Tatsache beschreiben, kann man es nicht benutzen.

11. さあ、サッカーの練習に行くん**でしょ**。

einfache Form
なA
N   } −だ } + でしょ。

「Xだろう」wird mit steigender Intonation benutzt, und man vergewissert sich des Inhalts von X beim Gesprächspartner. Wenn der Gesprächspartner X nicht verstanden hat, wird die Konstruktion zu einer Ausdrucksweise, mit der man vom Gesprächspartner verlangt, es zu verstehen, und ein Gefühl von Vorwurf oder Tadel kann auch mitschwingen. Neben der höflichen Form「でしょう」kann es in Dialogen zu「でしょ」、「でしょっ」、「だろ」、「だろっ」etc. werden.

① 10時だ。子どもはもう寝る時間だろう。歯をみがいて、ベッドに入りなさい。

    Es ist 10 Uhr. Zeit für Kinder, zu schlafen, oder? Putz dir die Zähne und geh ins Bett!

② 優太、そんなところに立ってたら邪魔になるでしょ。こっちへいらっしゃい。

    Yūta, wenn du da (wörtl, an so einem Platz) herumstehst, bist du im Weg, nicht? Komm hierher.

③ 飲みに行こうって誘ったのは君だろ。今日になってキャンセルなんて、ひどいよ。

    Du warst es doch, der/die vorgeschlagen hat, einen trinken zu gehen, oder? Es ist gemein, dass du erst heute absagst!

Lektion 18

読む・書く

1. 僕はおそらくあの薄汚い鉛筆削りを使いつづけていた**に違いない**。

einfache Form
なA
N } ー だ → ー／ーである } ＋ に違いない

Hiermit wird ausgedrückt, dass der Sprecher von etwas überzeugt ist.

① 渡辺さんは時間が守れない人だ。今日もきっと遅れてくるに違いない。

Herr/Frau Watanabe ist eine/-r , der/die die Zeit nicht einhalten kann. Er/sie kommt auch heute zweifellos zu spät.

② 山本監督の映画ならきっとおもしろいに違いない。

Wenn es ein Film von (dem Regisseur) Yamamoto ist, muss er ohne Zweifel interessant sein.

③ あの公園の桜はもう散っているに違いない。

Die Kirschblüten in dem Park sind mit Sicherheit schon abgefallen.

Der Ausdruck ist so ähnlich wie「はずだ」, aber er kann eine intuitive Überzeugung wie bei ausdrücken, während「はずだ」eine Überzeugung ausdrückt, die auf einer Berechnung, Wissen, Logik etc. beruht.

④ 彼を一目見て、親切な人{○に違いない／×のはずだ}と思った。

Auf den ersten Blick war ich mir sicher, dass er eine freundliche Person sein muss.

2. 僕の鉛筆削りは手動式の機械で、他のもの**に比べて**変わったところなんてない。

N ＋ に比べて／比べると

Mit「XはYに比べて／比べると…」wird X mit Y verglichen; danach folgt normalerweise etwas, das Grad oder Ausmaß ausdrückt. Auch wenn es durch「～より」ersetzt wird, bleibt die Bedeutung meistens gleich.

① 今年は去年に比べて春の来るのが遅かった。

Dieses Jahr kam der Frühling im Vergleich mit dem letzten Jahr später.

② 電子辞書で調べたことは紙の辞書に比べると記憶に残りにくい気がする。

Ich habe das Gefühl, dass das, was man in einem elektronischen Wörterbuch nachgeschlagen hat, nicht so gut im Gedächtnis bleibt wie das, was man in einem gedruckten (wörtl. einem Wörterbuch aus Papier) nachgeschlagen hat.

③ 郊外は都心に比べて緑が多い。

In der Vorstadt gibt es im Vergleich zum Stadtzentrum mehr Grün.

3. こんな幸運は人生の中でそう何度もある**ものではない**。

V Wörterbuchform
V ない-Form　ーない
いA
なA　ーな
} ＋　ものだ

(1) 「XはYものだ」beschreibt das Wesen oder die Tendenz von X. In der gesprochenen Sprache kann es zu「もんだ」werden.

① 人は変わるものだ。

Menschen verändern sich.

② お金って、なかなか貯まらないもんですね。

Geld ist etwas, das sich kaum sparen lässt, nicht wahr?

Es ist ein Ausdruck, der einen allgemeinen Sachverhalt beschreibt, deswegen werden für X keine Wörter wie Eigennamen verwendet, die eine bestimmte Person oder ein spezifisches Ding bezeichnen.

× 田中先生は変わるものだ。

Als Verneinung gibt es zwei Varianten,「〜ものではない」und「〜ないものだ」. Bei der ersten ist die Verneinung etwas stärker.

③ 日本語で日常的に使われる漢字は2,000字以上ある。1年や2年で覚えられるものではない。

Es gibt über 2.000 *Kanji,* die in der japanischen Sprache im alltäglichen Leben gebraucht werden. Man kann sie nicht in einem oder zwei Jahren lernen.

④ 甘いものは一度にたくさん {食べられるもんじゃない／食べられないもんだ}。

Süßes kann man nicht viel auf einmal essen.

(2) Als Übertragung der Anwendung wie oben, bei der ein Wesen oder eine Tendenz ausgedrückt wird, hat「〜ものだ」eine weitere Verwendung, bei der ein idealer Zustand oder eine Handlung, die eigentlich durchgeführt werden soll, genannt wird. Die Bedeutung kommt der von「〜べきだ」nahe.

⑤ 学生は勉強するものだ。

Studierende sollen lernen.

⑥ 出された食事は残すものではない。

Was auf den Tisch kommt, wird gegessen (wörtl. Das Essen, das einem vorgesetzt wird, soll man nicht übrig lassen).

話す・聞く

4. ワイングラス、どこにしまったかな。あ、あった、あった。

Solche Vergangenheitsformen wie z. B.「いた」,「あった」oder「見えた」werden benutzt, um auszudrücken, dass etwas Gesuchtes gefunden wurde, oder dass man einen Zustand erkannt hat, den man bis dahin nicht bemerkt hatte.

① チロ！チロ！どこにいるんだ。おー、いた、いた。こんなとこにいたのか。

Chiro! Chiro! Wo bist du? Ach, da bist du! Hier (wörtl. An so einem Ort) warst du?

② ほら、見てごらん。あそこに小さな島が見えるだろう。
…ええ？ どこ？ 見えないよ。あ、見えた。あれ？

Da, guck mal! Dort drüben siehst du eine kleine Insel, oder?
...Was? Wo denn? Ich kann sie nicht sehen. Ah, jetzt sehe ich sie. Diese da?

5. だって、このお皿、新婚時代の思い出がいっぱいなんだもの。

「だって、…もの」ist ein Ausdruck, mit dem ein Grund genannt wird; er wird verwendet, wenn man ausdrücken möchte, dass man im Recht ist, oder wenn man sich rechtfertigt. Es ist ein lockerer Ausdruck, deswegen wird es nicht in förmlichen Situationen benutzt.

① どうしてケータイばかり見ているの？
…だって、することがないんだもの。

Warum guckst du die ganze Zeit nur auf dein Handy?
... Na, weil ich nichts (anderes) zu tun habe.

② どうしてうそをついたの？
…だって、だれも僕の言うことを聞いてくれないんだもん。

Warum hast du gelogen?
... Weil mir keiner zuhört.

6. ふだん使わないものをしまっといたところで、場所をとるだけだよ。

「XしたところでY」bedeutet「もしXしてもY (ein schlechtes Resultat) になる」. Es wird benutzt, wenn man「Xする必要はない」sagen möchte.

① いくら状況を説明したところで、警察は信じないだろう。

Egal wie man die Sachlage erklärt, die Polizei wird es nicht glauben.

② きれいに片づけたところで、子どもがすぐ散らかすんだから意味がないよ。

Auch wenn du schön aufräumst, hat es keinen Sinn, weil die Kinder alles sofort wieder in Unordnung bringen.

7.

ここにあるスーパーの袋の山、何だよ。
…あら、袋だって必要なのよ。

N
N ＋ Kasuspartikel ｝ ＋ だって

「XだってY」wird benutzt, wenn man etwas ausdrücken möchte, das entgegen der Erwartung「XであればYではないだろう」ist.

① 日本語は漢字が難しいかもしれないけど、韓国語だって発音が難しい。

　　Im Japanischen sind vielleicht die *Kanji* schwierig, aber im Koreanischen ist die Aussprache schwierig.

Außerdem kommt es auch vor, dass mehrere Dinge nebeneinander genannt werden, wie bei ②.

② 鈴木さんはスポーツが得意だから、サッカーだって野球だって何でもできます。

　　Weil Herr/Frau Suzuki ein guter Sportler/eine gute Sportlerin ist, kann er/sie alles, egal ob Fußball oder Baseball.

Und wie bei ③ kann mit「XだってY」auch mit Nachdruck behauptet werden, dass X auf Y zutrifft, obwohl es nicht unbedingt anders als die Erwartung ist.

③ 父は毎朝早く仕事に出掛けます。今日だって朝6時に家を出ました。

　　Mein Vater geht jeden Morgen früh zur Arbeit. Sogar heute hat er um 6 Uhr morgens das Haus verlassen.

8.

あなたこそ、あの本の山はいったい何なの！

N
N ＋ Kasuspartikel（に・で）
V て -Form
einfache Form ＋ から ｝ ＋ こそ

Mit「XこそY」wird mit Nachdruck「他のものではなくXがYだ」ausgedrückt.

① どうぞよろしくお願いします。

　　…こちらこそどうぞよろしく。

　　Es freut mich Sie kennen zu lernen.

　　… Ganz meinerseits.

② ずいぶん長いことお祈りしてたね。

　　…今年こそ、いい人に出会えますようにってお願いしてたの。

　　Du hast aber ziemlich lang gebetet, nicht wahr?

　　… Ich habe gebetet, dass ich dieses Jahr (endlich) einem netten Menschen begegnen kann.

Als X stehen neben Nomina, die eine Person oder ein Ding bezeichnen, verschiedene Ausdrücke, wie „Nomen + Kasuspartikel", 「〜て」 zur Beschreibung eines Zustandes, 「〜から」 zum Ausdruck eines Grundes etc.

③ この本は子ども向けだが、逆に、大人にこそ読んでもらいたい。

Dieses Buch ist (zwar) für Kinder, aber ich möchte vielmehr, dass gerade die Erwachsenen es lesen.

④ どんな言語もコミュニケーションに使えてこそ意味があるのであって、試験に合格しても実際に使えなければ意味がありません。

Egal welche Sprache es ist, sie hat erst dann Sinn, wenn man sie zur Kommunikation benutzen kann. Selbst wenn man die Prüfung besteht, hat es keinen Sinn, wenn man sie nicht tatsächlich anwenden kann.

⑤ あの人が嫌いなのではない。好きだからこそ冷たい態度をとってしまうのだ。

Es ist nicht so, dass ich ihn/sie nicht leiden kann. Ich nehme leider eine kalte Haltung ein, gerade weil ich ihn/sie mag.

Lektion 19

> 読む・書く

1. ロボコンは初めのころはNHKの番組で、大学や高専の学生**を対象に**行われていた。

「〜を対象に」bezeichnet den Gegenstand einer Untersuchung oder den Empfänger von Informationen bzw. Handlungen. Es gibt auch die Form「〜を対象にして」.
① 幼児を対象に開発されたゲームが、大人の間で流行している。
   Spiele, die für Kleinkinder entwickelt wurden, sind unter Erwachsenen in Mode.
② テレビの午後の番組はおもに主婦を対象に組まれている。
   Das Nachmittagsprogramm im Fernsehen wird hauptsächlich mit Hausfrauen als Zielgruppe zusammengestellt.

2. ロボコンの特効薬的効果は、中学生**ばかりでなく**、高専や大学の学生にもある。

「〜ばかりでなく」hat, wie「〜だけでなく」, die Bedeutung von「他にもある」.
① 18号台風は農業ばかりでなく、経済全体にも大きなダメージを与えた。
   Der Taifun Nr. 18 hat nicht nur der Landwirtschaft, sondern der gesamten Wirtschaft große Schäden zugefügt.
② ここは温泉ばかりでなく、釣りや山登りも楽しめます。
   Hier kann man nicht nur die heißen Quellen, sondern auch das Angeln oder Bergsteigen genießen.

3. ロボコンというものが、大きな教育力を備えた活動だということがはっきりしてきたから**にほかならない**。

N
Ausdrücke 〜から, ため für Ursache / Grund / Grundlage } + にほかならない

「〜にほかならない」betont, dass es sich um das handelt, was vor dem Ausdruck steht; es ist eine nachdrückliche Entsprechung zu「〜である」.
① 子どもの反抗は、大人になるための第一歩にほかならない。
   Der kindliche Trotz ist nichts anderes als der erste Schritt zum Erwachsenwerden.
② この成功は、あなたの努力の結果にほかなりません。
   Dieser Erfolg ist nur (wörtl. nichts anderes als) das Ergebnis Ihrer Anstrengungen.

③ このような事故が起きたのは、会社の管理体制が甘かったからにほかなりません。

Dass sich ein solcher Unfall ereignet hat, liegt schlicht und einfach (wörtl. an nichts anderem als) daran, dass das Kontrollsystem der Firma zu nachlässig war.

4. ロボットづくり**を通して**、物と人間とのよい関係が身につく。

N ＋ を通して

「〜を通して」wird an Nomina angeschlossen, die Handlungen ausdrücken; es hat die Bedeutung von「〜をすることによって」und kennzeichnet das Mittel zur Verwirklichung des Sachverhalts, der im Satz folgt.

① 厳しい練習を通して、技術だけでなく、どんな困難にも負けない心が養われたと思います。

Ich denke, dass durch das harte Training nicht nur die Technik ausgebildet wurde, sondern ein Geist, der vor keinerlei Schwierigkeiten kapituliert.

② 茶道を通して、行儀作法だけでなく、和の心を学んだ。

Durch die Teezeremonie habe ich nicht nur gute Manieren und Etikette erlernt, sondern den Geist der Harmonie.

③ 語学の学習を通して、その言葉だけでなく、その国の文化や人の考え方なども知り、理解が深まったと思う。

Ich denke, durch das Fremdsprachenlernen habe ich nicht nur die Sprachen, sondern z.B. auch die Kultur der Länder und die Denkweise der Menschen kennen gelernt und so mein Verständnis vertieft.

5. たいていの中学校では秋**から**翌年**にかけて**4か月間ロボットづくりをさせる。

N (Nomen der Zeit) ＋ から ＋ N (Nomen der Zeit) ＋ にかけて
N (Nomen des Raumes) ＋ から ＋ N (Nomen des Raumes) ＋ にかけて

「〜から〜にかけて」markiert den zeitlichen bzw. räumlichen Anfangs- und Endpunkt und drückt aus, dass ein Ereignis irgendwo in diesem (Zeit-) Raum stattfindet.

① 台風8号は今夜から明日にかけて上陸する見込みです。

Es ist zu erwarten, dass der Taifun Nr. 8 zwischen heute Abend und morgen früh das Land erreicht.

② 毎年1月から3月にかけてほうぼうで道路工事が行われる。

Jedes Jahr von Januar bis März werden überall Straßenbauarbeiten durchgeführt.

③ 関東から東北にかけていろいろな都市でコンサートを開いた。

Wir haben in verschiedenen Städten vom Kantō-Gebiet bis zum Tōhoku-Gebiet Konzerte abgehalten.

6. 彼らのふるまいの変化**はともかく**、彼らの顔が以前に比べて、おだやかになる。

$$\left.\begin{array}{l} \text{N} \\ \text{V} \\ \text{いA} \\ \text{なA} \end{array}\right\} \text{einfache Form} + \text{か [どうか]} \left.\vphantom{\begin{array}{l}1\\2\\3\end{array}}\right\} + \text{はともかく}$$

「〜はともかく」hat die Bedeutung, dass「〜」zwar wichtig ist, aber man jetzt nicht genauer darauf eingeht. Es gibt auch die Form「〜はともかくとして」.

① あのレストランは値段はともかく、味はいい。
　Wie die Preise in dem Restaurant auch sein mögen, dort schmeckt es gut.
② 彼は見た目はともかく、性格がいい。
　Wie er auch aussehen mag, er hat einen guten Charakter.
③ 参加するかどうかはともかく、申し込みだけはしておこう。
　Egal ob wir teilnehmen oder nicht, lass uns uns zumindest schon mal anmelden.
④ 上手に歌えたかどうかはともかく、頑張ったことは事実だ。
　Ob er/sie nun gut gesungen hat (wörtl. singen konnte) oder nicht, er/sie hat sich wirklich angestrengt.

7. チームが勝つ**ためには**、彼らは意見の違いを乗り越えていかざるを得ない。

$$\left.\begin{array}{l} \text{V Wörterbuchform} \\ \text{N + の} \end{array}\right\} + \text{ためには}$$

「〜ためには」drückt ein Ziel aus. Hinter「〜ためには」werden Ausdrücke der Notwendigkeit oder Pflicht benutzt.

① マンションを買うためには、3,000万円くらい必要だ。
　Um eine Eigentumswohnung zu kaufen, sind ungefähr 30 Millionen Yen nötig.
② 医者になるためには、国家試験に合格しなければならない。
　Um Arzt zu werden, muss man ein staatliches Examen bestehen.
③ 新聞が読めるようになるためには、もっと漢字を勉強したほうがいい。
　Um so weit zu kommen, dass du Zeitungen lesen kannst, solltest du mehr *Kanji* lernen.

Es kommt vor, dass der Ausdruck außer mit der Wörterbuchform von Verben auch mit Nomina, die Ereignisse ausdrücken, benutzt wird.

④ 勝利のためには、全員の力を合わせることが必要だ。
　Für den Sieg ist es nötig, dass wir die Kräfte der ganzen Mannschaft (wörtl. aller Mitglieder) vereinen.

話す・聞く

8. 演劇は**決して**華やかなだけの世界では**ない**ということを覚えておいてほしい。

Auf「決して」folgt immer eine verneinte Form. Der Ausdruck hat die Bedeutung von「全く・全然・絶対（に）〜ない」und betont die Verneinung.

① 経営者側は自分たちの責任を決して認めようとはしなかった。

Von Seiten des Managements wurden keinerlei Anstalten unternommen, die eigene Verantwortung zuzugeben.

② 落とした財布が中身ごと戻ってくるということは決してめずらしくない。

Es ist keineswegs selten, dass man ein verlorenes Portemonnaie samt Inhalt wiederbekommt.

Lektion 20

> 読む・書く

1. アフロヘアーの青年が山口五郎（やまぐちごろう）**のもとで**尺八修業（しゃくはちしゅぎょう）を始めた。

「～のもとで」hat die Bedeutung von 「目上の人のいる場所で」und wird benutzt, wenn man von einem Höhergestellten z.B. etwas beigebracht bekommt oder großgezogen wird.
① 新しい監督（かんとく）のもとでチーム全員優勝（ぜんいんゆうしょう）を目指（めざ）して頑張（がんば）っている。
　　Unter dem neuen Trainer arbeitet die ganze Mannschaft auf die Meisterschaft hin.
② 4歳（さい）のときに親（おや）を亡（な）くし、田舎（いなか）の祖父母（そふぼ）のもとで育（そだ）てられた。
　　Ich habe meine Eltern verloren, als ich 4 war, und wurde von meinen Großeltern auf dem Land großgezogen.

2. 尺八は本来**そう**であったように「いやし」の音楽としても注目されている。

「そう」weist auf Dinge hin, die folgen. Im obigen Satz z.B. verweist「そう」auf「尺八が本来『いやし』の音楽であること」。
① この地域（ちいき）では、昔（むかし）からそうであったように、共同（きょうどう）で田植（たう）えをする。
　　In diesem Gebiet pflanzen die Menschen wie seit Jahr und Tag gemeinsam den Reis.
② 誰（だれ）でもそうだが、子どもを持（は）って初（はじ）めて親のありがたみを知る。
　　Es ist bei jedermann so, dass er erst dann den Wert der Eltern erkennt, wenn er Kinder hat.

3. すごい音楽がある**ぞ**。

「…ぞ」ist eine Satzschlusspartikel, mit der man dem Hörer etwas, das er nicht weiß, deutlich mitteilt. Männer benutzen sie in Dialogen, Frauen nicht.
① 気をつけろ。このあたりは毒（どく）ヘビがいるぞ。
　　Pass auf! In dieser Gegend gibt es giftige Schlangen!
② おーい。ここにあったぞ。
　　Hallo! Hier ist es!

4. 邦楽（ほうがく）は日本の民族音楽（みんぞくおんがく）である**と同時に**人類全体（じんるいぜんたい）の財産（ざいさん）である。

「～と同時に」drückt aus, dass zwei Umstände, die normalerweise kaum gleichzeitig zustande kommen, zur gleichen Zeit bestehen.

① 酒は薬になると同時に毒にもなる。

Alkohol ist (wörtl. wird) Medizin und Gift zugleich.

② 遅く帰ってきた娘の顔を見て、ホッとすると同時に腹が立った。

Als ich das Gesicht meiner spät nach Hause gekommenen Tochter sah, war ich erleichtert und wurde gleichzeitig wütend.

5. 内容より形を重視する考えに従う**しかなかった**。

V Wörterbuchform ＋ しかない

「～しかない」sagt aus, dass man keine andere Wahl hat, als 「～」zu tun.

① 誰も手伝ってくれないなら、私がやるしかない。

Wenn mir keiner hilft, muss ich es machen.

② 私にはとても無理な仕事だったので、断るしかなかった。

Da es eine Arbeit war, die mir völlig unmöglich war, blieb mir nichts anderes als abzulehnen.

③ 国立大学と私立大学に合格したとき、私は経済的な理由で学費の安い国立大学に進学するしかなかった。

Als ich die Aufnahmeprüfung an einer staatlichen und einer privaten Universität bestanden hatte, blieb mir aus finanziellen Gründen nichts anderes, als auf die staatliche Universität mit den niedrigeren Studiengebühren zu gehen.

6. クリストファー遥盟・ブレイズデルさんは30年にわたる経験**の末**、こう語る。

N の
V た -Form ＋ **末 [に]**

「～の末」bedeutet „schließlich, nachdem man schwierige Ereignisse erlebt hat". Es gibt auch die Form「～の末に」.

① 苦労の末、画家はやっと作品を完成させることができた。

Nach langen Mühen konnte der/die Maler/-in endlich sein/ihr Werk vollenden.

② その選手は、数週間悩んだ末、引退する決心をした。

Nachdem der/die Spieler/-in sich mehrere Wochen lang den Kopf zerbrochen hatte, fasste er/sie den Entschluss, sich aus dem Sport zurückzuziehen.

③ いろいろな仕事を渡り歩いた末に、結局最初の仕事に落ち着いた。

Nachdem ich verschiedene Arbeiten durchlaufen hatte, blieb ich schließlich bei der ersten Arbeit.

7. 武満徹（たけみつとおる）の作品の中で使われて以来、尺八（しゃくはち）は国際的（こくさいてき）に広がりをみせた。

V て -Form ）
N   ｝ + 以来

「〜て以来」hat die Bedeutug von「〜してからずっと」. Es wird nicht für die nahe Vergangenheit benutzt, sondern dann, wenn etwas eine Weile von einem Zeitpunkt in der Vergangenheit bis in die Gegenwart andauert.

① スキーで骨折（こっせつ）して以来、寒くなると足が痛（いた）むようになった。

　　Seit ich mir beim Skifahren den Knochen gebrochen habe, tut mir das Bein weh (wörtl. ist es so geworden, dass mir das Bein weh tut), wenn es kalt wird.

② 結婚（けっこん）して以来ずっと、横浜（よこはま）に住んでいる。

　　Seit ich geheiratet habe, lebe ich die ganze Zeit in Yokohama.

③ 帰国して以来、一度も日本食を食べていない。

　　Seit ich in mein Land zurückgekehrt bin, habe ich nicht einmal japanisches Essen gegessen.

Außer mit Verben in der て-Form wird der Ausdruck auch mit Nomina, die Zeit ausdrücken, benutzt.

④ 去年の夏以来、父とは一度も会っていない。

　　Seit dem letzten Sommer habe ich meinen Vater nicht einmal getroffen.

⑤ 大学卒業（そつぎょう）以来、ずっと司法試験合格（しほうしけんごうかく）をめざして勉強を続（つづ）けてきた。

　　Seit dem Uniabschluss habe ich ununterbrochen weiter gelernt, um (wörtl. mit dem Ziel,) die staatliche juristische Prüfung zu bestehen.

8. アメリカには尺八を教える大学もあるくらいだ。

V   ）
いA   einfache Form   ｝   ｛ くらいだ。
なA   einfache Form   ｛ くらい、…
　　　　　　ーだ → ー／ーである ）

「くらい」ist eine Ausdrucksweise, bei der man ein extremes Beispiel nennt, um das Ausmaß des vorher Genannten anzuzeigen. Im folgenden Beispiel ③ nennt「くらい」ein Beispiel zu dem, was weiter hinten im Satz erwähnt wird. Es kann durch「ほどだ」ersetzt werden.

① 空港（くうこう）までは遠いので、朝7時に家を出ても遅（おそ）いくらいだ。

　　Weil es bis zum Flughafen weit ist, ist es sogar zu spät, wenn wir morgens um 7 das Haus verlassen.

② このかばんはとてもよくできていて、偽物（にせもの）とは思えないくらいだ。

　　Diese Tasche ist so gut gemacht, sie wirkt gar nicht wie eine Fälschung.

③　この本は中学生でも読めるくらい簡単な英語で書かれている。

Dieses Buch ist in so einfachem Englisch geschrieben, dass auch Mittelschüler es lesen können.

④　北国の建物は冷房より暖房が行き届いているので、冬のほうが快適なくらいだ。

In den Gebäuden im Norden des Landes sind Heizungen weiter verbreitet als Klimaanlagen, deshalb ist es dort im Winter sogar angenehmer.

話す・聞く

9. 「ががまる」という四股名はニックネームの「ガガ」に師匠が期待**をこめて**、いい漢字を選んでくれました。

「〜をこめて」hat die Bedeutung von「〜の気持ちを持って」.

①　これは子どものために母親が愛をこめて作った詩です。

Das hier ist ein Gedicht, das eine Mutter mit Liebe für ihre Kinder geschrieben hat.

②　今日はお客さんのために心をこめて歌います。

Heute singe ich von ganzem Herzen für das Publikum.

10. 相撲の世界は努力すれ**ば**努力した**だけ**報いられる世界です。

「〜ば〜だけ」drückt aus, dass sich ein bestimmtes Resultat entsprechend dem Ausmaß ergibt, in dem man etwas getan hat.

①　頭は使えば使っただけ柔かくなる。

Man wird umso flexibler im Kopf, je mehr man ihn benutzt.

②　苦労は大きければ大きいだけ財産になる。

Je größer die Mühe, desto mehr Gewinn zieht man aus ihr.

11. 電話で母の声を聞い**たとたんに**、涙が出てきた。

V た -Form　＋　とたん［に］

「〜たとたん（に）」hat die Bedeutung von「〜するとすぐに・〜したあとすぐに」und drückt aus, dass aufgrund eines Ereignisses ein unerwartetes Ereignis eintritt.

①　箱のふたを開けたとたん、中から子猫が飛び出した。

In dem Augenblick, als ich den Deckel des Kartons öffnete, sprang aus dem Inneren ein Kätzchen heraus.

②　お金の話を持ち出したとたんに、相手が怒りだした。

In dem Moment, als ich das Thema Geld anschnitt, wurde mein Gegenüber plötzlich wütend.

③ テレビのＣＭでこの曲が使われたとたん、ＣＤの売上げが急激に伸びた。

Unmittelbar nachdem dieses Lied in einem Werbespot benutzt wurde, haben die Verkäufe der CD schlagartig zugenommen.

12. 外国人だ**からといって**、わがままは言えません。

einfache Form　＋　からといって

「〜からといって」benutzt man, wenn sich ein anderes Resultat einstellt als das, was aus dem gegebenen Sachverhalt selbstverständlich erwartet wird. Auf den Ausdruck folgt eine verneinte Form.

① 新聞に書いてあるからといって、必ずしも正しいわけではない。

Nur weil es in der Zeitung steht, heißt das nicht unbedingt, dass es wahr ist.

② 便利だからといって、コンビニの弁当ばかり食べていては体によくないと思う。

Ich finde, dass es nicht gut für die Gesundheit ist, immer nur Lunchpakete aus dem Convenience Store zu essen, nur weil sie praktisch sind.

③ 民主主義だからといって、何でも数で決めていいわけではない。

Nur weil wir in einer Demokratie leben (wörtl. Nur weil es eine Demokratie ist), heißt das nicht, dass man alles anhand von Zahlen entscheiden darf.

Lektion 21

> 読む・書く

1. 水を沸かし**もせずに**、そのまま生で飲める国など世界広しといえどもそう多くはない。

「〜もせずに」ist ein alter Ausdruck mit der Bedeutung, dass man etwas tut, „anstatt/ohne etwas zu tun, von dem angenommen wird, dass man es selbstverständlich tun würde".

① 父は具合が悪いのに、医者に行きもせずに仕事を続けている。

Obwohl mein Vater sich schlecht fühlt, geht er nicht einmal zum Arzt, sondern arbeitet weiter.

② 彼は上司の許可を得もせずに、新しいプロジェクトを進めた。

Er hat ein neues Projekt vorangetrieben, ohne auch nur die Erlaubnis seines Vorgesetzten einzuholen.

2. 水をそのまま生で飲める国など世界広し**といえども**そう多くはない。

「〜といえども」ist ein alter Ausdruck mit der gleichen Bedeutung wie「〜といっても」bzw.「〜ではあるが」.

① どんな大金持ちといえども、お金で解決できない悩みがあるはずだ。

Wie reich man auch sein mag, es wird gewiss Probleme geben, die sich nicht mit Geld lösen lassen.

② 名医といえども、すべての患者を救うことはできない。

Selbst ein hervorragender Arzt kann nicht alle Patienten retten.

3. **よほど**英語が堪能な人**でも**、そう簡単には訳せないだろう。

「よほど〜でも」hat die Bedeutung von「非常に〜であっても」oder「どんなに〜であっても」.

① よほどけちな人でも、あの吉本さんには勝てないだろう。

Selbst der geizigste Mensch könnte nicht so knauserig sein wie diese/-r Frau/Herr Yoshimoto (wörtl. könnte diese/-n Frau/Herrn Yoshimoto nicht schlagen).

② よほど不器用な人でも、この機械を使えば、ちゃんとした物が作れるはずだ。

Sogar sehr ungeschickte Leute sollten ein ordentliches Resultat (wörtl. Ding) hinbekommen, wenn sie diese Maschine benutzen.

4. 日本人が**いかに**水と密着して独自の水文化を築きあげてきた**か**がよくわかる。

「いかに～か」ist ein Ausdruck, der die Aussage「非常に～である」betont.

① 朝のラッシュを見ると、日本人がいかに我慢強いかが分かる。

Wenn man sich die morgendliche Hauptverkehrszeit ansieht, erkennt man, wie langmütig die Japaner sind.

② 自然の力の前では人間の存在などいかに小さなものかを知った。

Im Angesicht der Kräfte der Natur wurde mir klar, wie klein die menschliche Existenz ist.

5. さすがの通人、二の句もつげなかった**とか**。

einfache Form ＋ とか。

「～とか。」ist eine in der geschriebenen Sprache verwendete lockere Ausdrucksweise mit der Bedeutung von「～そうだ。(Hörensagen)」bzw.「はっきりとではないが～と聞いた。」.

① 隣のご主人、最近見かけないと思ったら、2週間前から入院しているとか。

Ich hatte mir schon gedacht, dass ich den Mann von nebenan in letzter Zeit nicht mehr gesehen habe, und er soll wohl seit zwei Wochen im Krankenhaus sein.

② お嬢さんが近々結婚なさるとか。おめでとうございます。

Ich habe gehört, dass Ihre Tochter bald heiraten wird. Herzlichen Glückwunsch!

③ 先週のゴルフ大会では社長が優勝なさったとか。

Wie ich höre, hat der/Ihr Direktor das Golfturnier letzte Woche gewonnen.

6. 私**に言わせれば**、「本当にそんな名水、まだ日本に残っているのかいな」と疑いたくなる。

N ＋ に ＋ 言わせれば／言わせると／言わせたら／言わせるなら

「～に言わせれば」wird an Nomina angefügt, die Personen bezeichnen, und hat die Bedeutung von「その人の意見では」. Damit wird ausgedrückt, dass man eine eigene Ansicht äußert, die sich von der Meinung anderer unterscheidet.

① 経済の専門家に言わせれば、円はこれからもっと高くなるらしい。

Laut Wirtschaftsexperten soll der Yen künftig noch weiter steigen.

② 口の悪い弟に言わせると、「長」がつく人間は信用してはいけないそうだ。

Laut meinem jüngeren Bruder mit seinem bösen Mundwerk darf man niemandem trauen, der den Titel „-leiter" trägt.

③ 200年前の日本人に言わせたら、現代の若者が話している日本語は外国語みたいだと言うだろう。

Japaner von vor 200 Jahren würden wohl sagen, dass das Japanisch, das die jungen Leute heutzutage sprechen, für sie wie eine Fremdsprache ist.

話す・聞く

7. 日本の食事スタイルの問題点を、データ**に基づいて**お話ししたいと思います。

N ＋ に基づいて

「～に基づいて」bedeutet „auf der Basis von「～」". Wenn es ein Nomen bestimmt, nimmt es die Form「～に基づいた」an.

① この映画は、事実に基づいて作られている。

Dieser Film basiert auf Tatsachen (wörtl. wurde auf der Basis von Tatsachen produziert).

② デパートでは、調査結果に基づいた新しいサービスを導入した。

Das Kaufhaus hat neue Dienstleistungen auf der Basis von Untersuchungsergebnissen eingeführt.

③ 予想ではなく、経験に基づいて判断しました。

Ich habe nicht auf der Basis von Annahmen, sondern von Erfahrung entschieden.

8. 15年ほどの間に食事のとり方も大きく変化してきた**と言えます**。

V / いA einfache Form
なA einfache Form
N ー だ
＋ と言えます

「…と言える」bedeutet「…と判断できる」.

① 日本の経済力を考えると、国際社会における日本の責任は大きいと言える。

Bedenkt man die Wirtschaftskraft Japans, so kann man sagen, dass die Verantwortung Japans in der internationalen Gesellschaft groß ist.

② 人口増加によって、地球温暖化はますます進むと言えるのではないでしょうか。

Man wird wohl sagen können, dass durch den Bevölkerungszuwachs die Erderwärmung immer stärker fortschreiten wird. (Wörtl. Kann man wohl nicht sagen, dass ... fortschreiten wird?)

③ お金があれば幸せだと言えるのでしょうか。

Kann man wirklich sagen, dass Geld glücklich macht (wörtl. dass man glücklich ist, wenn man Geld hat)?

9. 日本の食卓は豊かですが、**一方で**食の外部化率の上昇や「個食」の増加といったことが起きています。

…が、一方で
einfache Form ＋ 一方で

「一方で」wird als Einleitung für Aussagen benutzt, die eine entgegengesetzte Einschätzung zu dem vorher Gesagten beinhalten. Es wird auch in der Form「一方では」oder「一方」benutzt.

① 日本は技術が進んだ国だが、一方で古い伝統文化も大切にしている。
　Japan ist ein Land mit fortschrittlicher Technik, aber andererseits wird auch die alte, traditionelle Kultur geschätzt.

② 英語は小さい時から学ばせたほうがいいという意見もある一方で、きちんと母語を学んでからにしたほうがいいという意見もある。
　Einerseits gibt es die Ansicht, dass man Englisch von klein auf lernen lassen sollte, andererseits aber auch die Meinung, dass man damit erst anfangen sollte, wenn die Muttersprache richtig gelernt ist.

③ コレステロール値が高いのは問題だが、一方ではあまり低すぎるのも長生きできないという調査結果がある。
　Ein hoher Cholesterinwert ist ein Problem, aber andererseits gibt es Untersuchungsergebnisse, die besagen, dass man auch kein hohes Alter erreichen kann, wenn er übermäßig niedrig ist.

10. このような現象は日本**に限らず**、ブラジルでも他の国でも起きている。

N ＋ に限らず

「〜に限らず」bedeutet「〜だけでなく（ほかにも）」.

① このキャラクターは、子どもに限らず大人にも人気がある。
　Diese Figur ist nicht nur bei Kindern, sondern auch bei Erwachsenen beliebt.

② 海外ではお寿司やてんぷらに限らず、豆腐料理なども人気がある。
　Im Ausland sind nicht nur Sushi oder Tempura beliebt, sondern auch z.B. Tofu-Gerichte.

③ バリアフリーとは障害を持った人やお年寄りに限らず、誰でもが快適に利用できるということです。
　„Barrierefrei" beschränkt sich nicht auf Menschen mit Behinderungen oder ältere Menschen, sondern bedeutet, dass es jeder komfortabel nutzen kann.

Lektion 22

読む・書く

1. ネクロロジー集に玉稿をたまわりたく、お手紙をさしあげた**次第です**。

「〜次第です」wird in der Form „*Chūshi*-Form / て-Form、「〜次第です。」" benutzt und bedeutet 「〜という理由で、…しました。」.「〜という次第で、…」hat die Bedeutung von「〜という理由で、…」.

① 関係者が情報を共有すべきだと考え、皆様にお知らせした次第です。

Wir haben Sie alle benachrichtigt, weil wir dachten, dass alle Beteiligten über die Informationen verfügen sollten.

② 私どもだけではどうしようもなく、こうしてお願いに参った次第でございます。

Da wir es alleine nicht schaffen, sind wir mit dieser Bitte zu Ihnen gekommen (wörtl. sind wir so gekommen, um Sie zu bitten).

2. それ**をもって**「客観的評価」**とされている**ことに私たちはあまり疑問を抱きません。

「〜をもって…」drückt aus, dass man「〜」als「…」ansieht.

① 出席率、授業中の発表、レポートをもって、評価とします。

Die Bewertung erfolgt auf der Basis von Anwesenheit, Präsentationen im Unterricht und Hausarbeiten.

② 拍手をもって、賛成をいただいたものといたします。

Mit Ihrem Applaus sehe ich Ihre Zustimmung als erhalten an.

3. 小社**におきましては**、目下『私の死亡記事』というネクロロジー集を編纂中です。

N ＋ におきましては

「〜においては／〜におきましては」ist eine förmliche Ausdrucksweise für das einen Bereich bestimmende「〜では」. Besonders「〜におきましては」gehört zu einer ziemlich steifen Redeweise. Deshalb werden diese Ausdrücke im förmlichen Stil gegenüber「〜では」bevorzugt.

① 経済成長期の日本においては、収入が2〜3年で倍になることもあった。

Im Japan der wirtschaftlichen Wachstumsphase kam es sogar vor, dass sich Einkommen innerhalb von zwei bis drei Jahren verdoppelten.

② 外国語の学習においては、あきらめないで続けることが重要だ。

Beim Fremdsprachenlernen ist es wesentlich, nicht aufzugeben, sondern weiterzumachen.

③ 皆様におかれましてはお元気にお過ごしのことと存じます。

Ich hoffe, dass es Ihnen allen gut geht.

4. 本人が書いた死亡記事は、時代を隔てても貴重な資料になり**うる**のではないか。

V ます -Form ＋ うる／える

「〜うる／える」hat die Bedeutung von「〜ことができる」. Man schreibt es in *Kanji* als「得る」, und beide Lesungen sind möglich, aber「うる」wird häufiger benutzt. Als verneinte Form wird「えない」verwendet.

① 就職に関する問題は彼一人でも解決しうることだ。

Die Probleme bezüglich seiner Arbeitssuche kann er auch alleine lösen.

② 今のうちにエネルギー政策を変更しないと、将来重大な問題が起こりうる。

Wenn wir die Energiepolitik jetzt nicht ändern, kann es in der Zukunft zu ernsten Problemen kommen.

③ 彼女が他人の悪口を言うなんてことはありえない。

Sie würde nie schlecht über andere Leute sprechen. (wörtl. Dass sie schlecht über andere Leute spricht oder so, kann es nicht geben.)

Der Ausdruck ähnelt「〜ことができる」stark, aber während「〜ことができる」nur als Verb benutzt werden kann, das eine Absicht ausdrückt, kann man「〜うる／える」auch für nicht willentliche Handlungen benutzen.

④ この問題は容易に解決することができる／解決しうる。

Dieses Problem lässt sich leicht lösen.

⑤ 日本ではいつでも地震が起こりうる。

In Japan kann sich jederzeit ein Erdbeben ereignen.

Außerdem kann man in Sätzen mit einem menschlichen Subjekt「〜うる／える」normalerweise nicht benutzen.

⑥ 田中さんは100メートルを10秒台で走ることができる。

Herr Tanaka kann die 100 Meter in unter 11 Sekunden laufen.

5. 氏は生前、三無主義を唱えていたため、遺族もこれを守り、その結果、氏の死の事実が覆い隠されることになった**のであろう**。

```
V  ⎫
いA ⎬  einfache Form      ⎫
   ⎭                       ⎬ ＋ のであろう／のだろう
なA ⎫  einfache Form      ⎪
N  ⎬  －だ → な          ⎭
   ⎭
```

「…のであろう（のだろう）」drückt aus, dass der Sprecher sich einen Grund für das im vorausgegangenen Satz Geschilderte oder eine Erklärung für die dort beschriebene Situation ausmalt.

① 洋子さんは先に帰った。保育所に子どもを迎えに行ったのだろう。

   Yōko ist vor uns gegangen. Sie wird wohl zur Kindertagesstätte gegangen sein, um ihre Kinder abzuholen.

② ガリレオは「それでも地球は回る」と言った。地動説への強い信念があったのであろう。

   Galileo sagte: „Und sie bewegt sich doch!". Er war wohl fest vom kopernikanischen Weltbild überzeugt.

③ 田中さんがにこにこしている。待ち望んでいたお子さんが生まれたのだろう。

   Herr Tanaka lächelt. Das Kind, das er sich so gewünscht hat, ist wohl geboren worden.

④ 山田さんの部屋の電気が消えている。彼は出かけているのだろう。

   Das Licht in Herrn Yamadas Zimmer ist aus. Er wird wohl weggegangen sein.

In ④ drückt die Konstruktion aus, dass man「彼は出かけている」als Erklärung für「山田さんの部屋の電気が消えている」annimmt. Gäbe es nach dem Verständnis des Sprechers keinen Zweifel an dieser Interpretation, würde stattdessen「のだ」benutzt:

・山田さんの部屋の電気が消えている。彼は出かけているのだ。

Mit anderen Worten,「のだろう」drückt in diesem Fall die Bedeutung von「の(だ)＋だろう」aus. Ein ähnlicher Zusammenhang besteht zwischen「のかもしれない」und「のにちがいない」。

6. 遺族は残された遺灰を、一握りずつ因縁のある場所に散布している**と思われる**。

```
V  ⎫
いA ⎬  einfache Form      ⎫
   ⎭                       ⎬ ＋ と思われる
なA ⎫  einfache Form      ⎪
N  ⎬  －だ                ⎭
   ⎭
```

「～と思われる」wird benutzt, um die Meinung des Schreibers zu erläutern. In der Schriftsprache, besonders in wissenschaftlichen Arbeiten, ist es allgemein üblich, nicht「～

と思う」, sondern「～と思われる」zu verwenden.「～と考えられる」hat eine ganz ähnliche Verwendung.

① 世界の経済の混乱はこの先5、6年は続くと思われる。

Ich denke, dass die globalen wirtschaftlichen Turbulenzen mindestens in den nächsten fünf, sechs Jahren anhalten werden.

② 彼の指摘は本社の経営上の問題の本質を突いていると思われる。

Ich glaube, dass seine Hinweise den Kern der betrieblichen Probleme unserer Firma treffen.

③ エコロジーは世界中で必要な思想だと思われる。

Ich denke, dass Ökologie auf der ganzen Welt ein notwendiger Begriff ist.

話す・聞く

7. 保育所がない。あった**としても**、費用が高い。

「～ない。～たとしても、…。」deutet wie「～ないから…」das sich selbstverständlich aus「～ない」erschließende「…」an.「～たとしても」hat die Bedeutung von「たとえ～たとしても…」und besagt, dass selbst dann, wenn man「～」bis zu einem gewissen Grad anerkennt, nicht「…ない」folgt, sondern「…」.

① 村には電気はなかった。ろうそくはたとえあったとしても高価でとても買えなかった。[だから、夜は勉強ができなかった]

Im Dorf gab es keine Elektrizität. Kerzen, selbst wenn es welche gegeben hätte, hätte ich mir gar nicht kaufen können, weil sie zu teuer gewesen wären. [Deshalb konnte ich nachts nicht lernen.]

② そのホテルにはぜひ一度夫婦で泊まってみたいのですが、希望の土曜日になかなか予約が取れません。土曜日に予約が取れたとしてもシングルの部屋しか空いていないのです。[だから、泊まれません]

In dem Hotel möchten meine Frau und ich unbedingt einmal übernachten, aber an dem Samstag, an dem wir hin möchten, lässt sich kaum eine Reservierung machen. Selbst wenn wir eine machen könnten, wären nur Einzelzimmer frei. [Deswegen können wir dort nicht übernachten.]

③ パワーポイントで作成したファイルを受け取ったのですが、開くことができなかったり、開いたとしても内容が読み取れません。[だから、困っています]

Ich habe eine mit PowerPoint erstellte Datei bekommen, aber mal kann ich sie nicht öffnen, und selbst wenn sie sich öffnet, lässt sich der Inhalt nicht lesen. [Deshalb habe ich ein Problem.]

8. これでは子どもを産**もうにも**産め**ない**と思うのですが。

「～（よ）うにも…ない」bedeutet「～したいのだが、…することができない」.
① 上司や同僚がまだ仕事をしているので、帰ろうにも帰れない。
   Weil mein/-e Chef/-in und meine Kollegen noch arbeiten, könnte ich nicht nach Hause gehen, selbst wenn ich wollte.
② パスワードが分からないので、データを見ようにも見られない。
   Ich kenne das Passwort nicht, deshalb könnte ich mir die Daten nicht ansehen, selbst wenn ich es wollte.

9. お年寄りだけの家庭では負担の**わりに**受ける恩恵が少ない。

「～わりに…」drückt aus, dass「…」nicht das Ausmaß hat, wie man es aufgrund von「～」erwarten würde.
① 映画「王様のスピーチ」はタイトルのわりにはおもしろかった。
   Der Film „The King's Speech" war interessanter, als der Titel vermuten ließ.
② この王様は幼い頃、いじめられたわりにはまっすぐな性格をしている。
   Dafür, dass er, als er klein war, so schikaniert wurde, hat dieser König einen aufrechten Charakter.

10. 希望する人は全員保育所に入れるようにする**べき**です。

V Wörterbuchform
A くある   ＋ べきだ
N・なA である

「～べきだ」bedeutet, dass「～」selbstverständlich wünschenswert ist. Es ist nachdrücklicher als「～したほうがいい」.
① 豊かな国は貧しい国を援助するべきだ。
   Reiche Länder sollten armen Ländern helfen.
② 子どもの前で夫婦げんかをすべきではない。
   Eltern sollten sich vor den Kindern nicht streiten.
③ もう少し早く家を出るべきだった。電車に乗り遅れてしまった。
   Wir hätten etwas früher aus dem Haus gehen sollen. Wir haben den Zug verpasst.
Die verneinte Form ist「～べきではない」; die Form「～ないべきだ」gibt es nicht.
④ 友人の秘密を他人に {○話すべきではない・×話さないべきだ}。
   Man sollte Geheimnisse von Freunden anderen nicht erzählen.
Der Ausdruck ähnelt「～なければならない」, aber es gibt folgende Unterschiede in der Verwendung:

a. Für gesetzlich bestimmte Dinge kann man nur なければならない benutzen.

⑤ 義務教育の年齢の子どもを持つ親は、子どもを学校に｛○通わせなければならない・×通わせるべきだ｝。

Eltern mit Kindern im schulpflichtigen Alter müssen diese zur Schule schicken.

b. Für Empfehlungen an den Hörer ist「べきだ」passender.

⑥ 大学生のうちに、M. ヴェーバーの『職業としての学問』を｛○読むべきだ・?読まなければならない｝。

Während Ihres Studiums (wörtl. Während Sie noch Student sind) sollten Sie Max Webers „Wissenschaft als Beruf" lesen.

Benutzt man in diesem Beispiel「なければならない」、ergibt sich die Bedeutung, dass es verpflichtend ist, dieses Buch während des Studiums zu lesen, also eine andere Bedeutung als das „Sollen", das durch「べきだ」ausgedrückt wird.)

11. 育児休暇が取りやすいように、**というより**、みんなが取らなければならないように法律で縛ればいいんじゃないでしょうか。

einfache Form
　なA
　N ｝ ＋ というより

「～というより、…」dient dazu, das, was man in「～」gesagt hat, zu korrigieren und als eine passendere Formulierung「…」zu präsentieren.

① 治す医療、というより、人間がもともと持っている回復する力に働きかける医療が求められている。

Mehr als eine ärztliche Behandlung, die die Menschen gesund macht, wird eine gewünscht, die auf die Selbstheilungskräfte einwirkt, die wir Menschen von Natur aus haben.

② ゴッホにとって絵は、描きたいというより、描かなければならないものだった。

Für van Gogh waren Bilder weniger etwas, das er malen wollte, als etwas, das er malen musste.

③ 歴史を学ぶことは、過去を知るというより、よりよい未来を築くためなのです。

Das Studium der Geschichte ist weniger dafür gedacht, etwas über die Vergangenheit herauszufinden, als dafür, eine bessere Zukunft zu schaffen.

Lektion 23

> 読む・書く

1. 一度失敗すると、あとのつけは数百年**に及ぶ**可能性がある。

「〜に及ぶ」drückt aus, dass sich der durch das Subjekt des Satzes ausgedrückte Sachverhalt bis auf「〜」erstreckt.

① 害虫による松の被害は県内全域に及んでおり、元の状態に回復するにはかなりの時間がかかるだろう。

Die durch Schädlinge verursachten Schäden an Kiefern erstrecken sich auf das gesamte Gebiet der Präfektur, und es wird wohl eine ziemlich lange Zeit brauchen, bis die Bäume sich wieder bis zum ursprünglichen Zustand erholt haben.

② 2004年の大津波の被害はインドネシアからインドの海岸にまで及んだ。

Die Schäden durch den großen Tsunami von 2004 erstreckten sich von Indonesien bis an die Küste von Indien.

③ 議論は国内問題にとどまらず国際問題にまで及び、今回の会議は非常に実りのあるものとなった。

Die Diskussion beschränkte sich nicht auf Probleme im Inland, sondern erstreckte sich bis auf internationale Fragen, wodurch diese Konferenz äußerst fruchtbar wurde.

2. 一度失敗すると、あとのつけは数百年に及ぶ**可能性がある**。

Diese Konstruktion bedeutet「Pが起きる可能性がある」. (P: die Aussage im hinteren Satzteil)

① あの学生は基礎的な学力があるし、努力家だから、これから大きく伸びる可能性がある。

Der/die Student/-in hat grundlegende akademische Fertigkeiten, und er/sie arbeitet hart, also besteht die Möglichkeit, dass er/sie sich (von jetzt an) stark entwickeln wird.

② 携帯電話は非常時の連絡に便利だが、場所によってはかからなくなる可能性もある。

Handys sind praktisch für die Kontaktaufnahme in Notlagen, aber je nach Standort ist es möglich, dass man keine Verbindung bekommt.

3. 「コモンズの悲劇」という有名な言葉がある。**この**言葉は地球の環境と人間活動を考える上でとても重要な意味をもつようになってきた。

この ＋ N

Wenn man ein Wort oder einen Satz, das bzw. der vorher genannt wurde, aufgreift und mit einer neuen Bezeichnung versieht, benutzt man nicht 「その」, sondern 「この」. Die Nomina, die in diesem Fall auf 「この」 folgen, bezeichnen Dinge, die an sich einen Inhalt haben, wie 「言葉(ことば)」,「表現(ひょうげん)」,「言(い)い方(かた)」,「ニュース」 oder 「知(し)らせ」, und die Ausdrucksweise 「〜という N」 ist möglich.

① 「生きるべきか死ぬべきかそれが問題だ」。この言葉はシェークスピアの『ハムレット』に出てくるものだ。

„Sein oder nicht sein, das ist hier die Frage". Dieser Ausspruch kommt in Shakespeares „Hamlet" vor.

② 「本店は来月いっぱいで閉店(へいてん)します」。この発表(はっぴょう)を聞(き)いたとき、大変(たいへん)驚(おどろ)いた。

„Dieses Geschäft schließt Ende nächsten Monats". Als ich diese Ankündigung hörte, war ich sehr überrascht.

③ 「ワールドカップ2010でスペインが優勝(ゆうしょう)した」。このニュースを私は病院で聞いた。

„Spanien hat die Weltmeisterschaft 2010 gewonnen". Diese Nachricht hörte ich im Krankenhaus.

4. 「コモンズの悲劇(ひげき)」という言葉は地球(ちきゅう)の環境(かんきょう)と人間活動(にんげんかつどう)を考える上(うえ)で重要(じゅうよう)な意味をもつ。

V Wörterbuchform ／ V た -Form ＋ 上で

(1) Mit 「V Wörterbuchform ＋上で」 spricht man über Dinge, die notwendig oder wichtig sind, wenn man eine bestimmte Handlung durchführt.

① お見舞(みま)いの品(しな)を選(えら)ぶ上で、気をつけなければならないことはどんなことですか。

Worauf sollte man achten, wenn man ein Mitbringsel (wörtl. einen Artikel) für einen Krankenbesuch aussucht?

② 今回の災害(さいがい)は今後の防災(ぼうさい)を考える上で、非常(ひじょう)に重要なものとなるにちがいない。

Die jetzige Katastrophe wird bei den Überlegungen zum zukünftigen Katastrophenschutz gewiss von großer Wichtigkeit sein.

③ 新しい会社をつくる上で、この会社で得(え)た経験(けいけん)が役(やく)に立(た)つと思います。

Bei der Gründung der neuen Firma werden die Erfahrungen, die ich in dieser Firma gesammelt habe, nützlich sein, denke ich.

④ 値段(ねだん)を決める上で、最(もっと)も重要なのは製品(せいひん)のコストだ。

Das Wichtigste bei der Festlegung des Preises sind die Herstellungskosten des Produkts.

⑤ 人間が成長(せいちょう)する上で、愛情(あいじょう)は欠(か)かせないものだ。

Für die Entwicklung eines Menschen ist Zuneigung unverzichtbar.

⑥ 論文(ろんぶん)を読む上で大切なことは、筆者(ひっしゃ)の意見をそのまま受(う)け入れるのではなく、常(つね)に批判的(ひはんてき)に読むことである。

Beim Lesen wissenschaftlicher Arbeiten ist es wichtig, die Meinung des Verfassers nicht einfach so anzunehmen, sondern stets kritisch zu lesen.

(2) Mit「V た -Form ＋ 上で」beschreibt man die Handlung, die man als nächstes unternimmt, nachdem man eine bestimmte Handlung ausgeführt hat.

⑦ 次回の授業には、この論文を読んだ上で参加してください。

Vor dem nächsten Unterricht lesen Sie bitte diesen Aufsatz. (wörtl. Nehmen Sie am nächsten Unterricht bitte teil, nachdem Sie diesen Aufsatz gelesen haben.)

5. 地球環境を制御するシステムの理解が深まる**につれて**、無数の解決策が見えてくるであろう。

N
V Wörterbuchform } ＋ につれて

「〜につれて…」drückt aus, dass wenn bei einem Ereignis eine Veränderung「〜」fortschreitet, entsprechend auch die Veränderung「…」voranschreitet.

① 日本語が分かってくるにつれて、日本での生活が楽しくなった。

Als ich begann Japanisch zu verstehen, fing mein Leben in Japan an mehr Spaß zu machen.

② あのとき謝ったけれど、時間が経つにつれて、腹が立ってきた。

Damals hatte ich mich entschuldigt, aber mit der Zeit wurde ich immer wütender.

③ 調べが進むにつれて、事実が明らかになると思われる。

Ich denke, dass die Fakten mit dem Fortschreiten der Untersuchungen klar werden.

④ 子どもの成長につれて、家族で過ごす時間が減ってきた。

In dem Maße, wie unsere Kinder größer geworden sind, ist die Zeit weniger geworden, die wir als Familie verbringen.

話す・聞く

6. 悲しい**ことに**、インドネシアには絶滅の恐れのある鳥類が141種もいます。

「いA／なA＋ことに、〜」drückt die Gefühle bzw. ein Urteil des Sprechers in Bezug auf die Aussage des gesamten Satzes aus. Die Konstruktion kann durch「〜ことは いA／なA（ことだ）」ersetzt werden. Die Verwendung mit Verben ist nur bei einer begrenzten Anzahl von Verben wie「困った」oder「驚いた」möglich.

① おもしろいことに、メキシコとエジプトは遠く離れているにもかかわらず、同じようなピラミッドが造られている。

Interessanterweise wurden in Mexiko und Ägypten, obwohl sie weit voneinander entfernt sind, gleichartige Pyramiden erbaut.

② 残念なことに、オリンピックから野球がなくなった。
   Bedauerlicherweise ist Baseball nicht mehr olympisch. (wörtl. ist Baseball aus den Olympischen Spiele verschwunden.)
③ 驚いたことに、40年ぶりに訪ねた故郷の小学校がなくなっていた
   Zu meiner Überraschung gab es die Grundschule in meinem Geburtsort, den ich nach 40 Jahren wieder besuchte, nicht mehr.

7. インドネシアには絶滅の**恐れのある**鳥類が141種もいます。

「恐れがある」bedeutet, dass die Möglichkeit besteht, dass etwas Schlechtes passiert. Wenn der Ausdruck ein Nomen bestimmt, kann sowohl「恐れがある N」als auch「恐れのある N」benutzt werden.

① 台風13号は九州に上陸する恐れがあります。
   Es ist zu befürchten, dass der Taifun Nr. 13 Kyūshū trifft.
② やけどの恐れがありますから、この機械に絶対に触らないでください。
   Weil die Gefahr von Verbrennungen besteht, berühren Sie diese Maschine bitte auf keinen Fall.

8. ブナ林のすばらしさは言う**までもありません**。

「V Wörterbuchform ＋までもない」drückt aus, dass etwas so klar ist, dass keine Notwendigkeit besteht「〜」zu tun.

① 彼女の返事は聞くまでもない。イエスに決まっている。
   Ich brauche ihre Antwort nicht zu hören. Sie wird ganz sicher „Ja" sein.
② 彼の息子なら大丈夫だろう。会うまでもないさ。
   Wenn es sein Sohn ist, wird es in Ordnung sein. Ich brauche ihn nicht zu treffen.

9. 東北へ旅行に行ったとき、白神山地でクマゲラと偶然出合ったのです。それ**がきっかけで**、クマゲラと森について考えるようになりました。

N をきっかけに
N がきっかけで

「〜がきっかけで／〜をきっかけに、V」bedeutet, dass「〜」der Auslöser dafür ist, anzufangen V zu tun bzw. N zu werden.

① 小学生の頃プラネタリウムを見たことがきっかけで、宇宙に興味を持つようになった。
   Ich fing an, mich für das Weltall zu interessieren, nachdem ich als Grundschüler ein Planetarium gesehen hatte.

② 今回のビル火災をきっかけに、各階にスプリンクラーの設置が義務づけられた。

Nach dem kürzlich passierten Brandunglück in einem Hochhaus wurde die Installation von Sprinkleranlagen in jedem Stockwerk verpflichtend.

③ 通学の電車で彼女の落とし物を拾ってあげました。それをきっかけに話すようになり、今では大切な親友の一人です。

In der Bahn auf dem Weg zur Uni hob ich etwas für sie auf, das sie verloren hatte. Von da an unterhielten wir uns miteinander, und jetzt ist sie eine meiner besten Freundinnen.

10. 白神山地にはクマゲラ**をはじめ**、多種多様な動植物が見られます。

N ＋ をはじめ

「〜をはじめ」 bezeichnet das erste von mehreren Dingen, die man nennt.

① カラオケをはじめ、ジュードー、ニンジャなど、世界共通語になった日本語は数多くある。

Es gibt viele japanische Wörter, wie „Karaoke", „Judo" oder „Ninja", die in Sprachen auf der ganzen Welt eingegangen sind.

② 世界には、ナスカの地上絵をはじめ、ネッシー、バミューダ・トライアングルなどいまだ多くの謎が存在する。

Auf der Welt gibt es immer noch viele Rätsel, wie die Scharrbilder bei Nazca, Nessie oder das Bermuda-Dreieck.

③ 市長をはじめ、皆様のご協力で今日のこの日を迎えることができました。

Dank der Hilfe aller, angefangen beim/bei der Bürgermeister/-in, konnten wir den heutigen Tag begrüßen.

Lektion 24

> 読む・書く

1. 世の中には型にあらざるものはない、といってもいいすぎではない。

「V-ない＋ざる N」ist eine alte Form der Verneinung eines Verbs vor einem Nomen.

① 歴史にはまだまだ知られざる事実があるはずだ。

In der Geschichte gibt es gewiss noch viele unbekannte Tatsachen.

② 「見ざる、聞かざる、言わざる」は一つの生き方を示している。

„Nichts sehen, nichts hören, nichts sagen" bezeichnet eine Lebensweise.

Da hier lediglich eine alte Form in feststehenden Redewendungen erhalten geblieben ist, wird sie nur in Fällen wie den folgenden benutzt (auch hierbei handelt es sich um nicht besonders oft benutzte Formen).

・〜にあらざる（〜ではない）

・欠くべからざる（欠かせない、不可欠な）

・知られざる（知られていない）

2. 上は宗教から、芸術から、生活に至るまで、型にはまってないものは一つとしてありません。

Mit 「〜から〜に至るまで…」 nennt man die beiden äußersten Grenzen bezüglich eines Sachverhalts und sagt, dass 「…」 für alles dazwischen gilt.

① 自転車のねじから人工衛星の部品に至るまで、どれもこの工場で作っています。

Von Fahrradschrauben bis hin zu Teilen für Satelliten stellen wir alles in dieser Fabrik her.

② クラシックから J-pop に至るまで、当店ではどんなジャンルの音楽でもご用意しております。

Wir haben in diesem Geschäft Musik aller Genres, von Klassik bis hin zu *J-Pop*.

3. その竹の一片に彼の肉体と精神をまかせきったことと思います。

「〜きる」bedeutet「完全に〜する」. Die Kombination aus「Handlungsverb＋きる」hat die Bedeutung von「最初から最後まで〜する」.

① 彼はマラソンで 42.195km を走りきった。

Er ist beim Marathon die kompletten 42,195 Kilometer gelaufen.

② 赤ちゃんは安心しきった表情で母親の胸で眠っている。

Das Baby schläft mit einem absolut friedlichen Gesichtsausdruck an der Brust seiner Mutter.

③ 山本さんは疲れきった顔で座り込んでいる。

Herr/Frau Yamamoto sitzt mit völlig erschöpftem Gesichtsausdruck da.

4. それは、しかし天才**ならぬ**我々にとって、唯一の、利休へ近づく道であります。

「V <s>ない</s> ＋ぬ N」ist eine Form der Verneinung vor Nomina. Insbesondere hat 「N₁ ならぬ N₂」die Bedeutung 「N₁ ではない N₂」.

① それが、永遠の別れになるとは、神ならぬ私には、予想もできなかった。

Dass es ein Abschied für immer sein würde, konnte ich, der/die ich kein Gott bin, nicht vorhersehen.

② いつか宇宙に行きたいと思っていたが、それがついに夢ならぬ現実となった。

Irgendwann einmal wollte ich ins Weltall, und schließlich wurde es Realität und nicht mehr nur ein Traum.

5. なんでも型にはめ**さえ**すれ**ば**、間違いは、おこり得ないのです。

```
N
V ます-Form －ます      ＋ さえ…ば
V て-Form

いA －い → くさえあれば

なA
N       －だ ＋ でありさえすれば
```

「～さえ…ば、…」hat die Bedeutung von「～が満たされれば、それだけで…には十分だ」(also einer hinreichenden Bedingung). Der Satz「この薬を飲みさえすれば、治りますよ。」z.B. bedeutet「この薬を飲めば、他のことは何もしなくても治る」.

① 非常用として３日分の水と食料を蓄えておきさえすれば、あとは何とかなる。

Solange wir für Notfälle nur Wasser und Essen für drei Tage vorrätig halten, werden wir ansonsten schon irgendwie zurechtkommen.

② このグラウンドは、市役所に申し込みさえすれば、誰でも使えます。

Diesen Sportplatz kann jeder nutzen, solange er sich im Rathaus anmeldet.

③ 家族が健康に暮らしてさえいれば、十分に幸せです。

Solange meine Familie gesund ist (wörtl. gesund lebt), bin ich vollkommen zufrieden.

Die Formen beim Anschluss von「さえ」sind wie folgt:

a．Bei Verben: V ます＋さえすれば（Bsp. 読む→読みさえすれば）

b．Bei Ausdrücken mit der て-Form von Verben: V て さえいれば（さえくれば…）（Bsp. 読んでいる→読んでさえいれば）

c．Bei いA: A く さえあれば（Bsp. おもしろい→おもしろくさえあれば）

d．Bei なA／N＋だ：なA／Nでありさえすれば（Bsp. 静かだ→静かでありさえすれば、日本だ→日本でありさえすれば）

6. 型にはまってないものは一つとしてありません。

Wörter mit 一（一日、一時、（誰）一人、（何）一つ etc.） ＋ として～ない

「(Ausdruck mit 一) として～ない」bedeutet「～でないものはない、すべてのものが～だ」。

① 似ている声はありますが、調べてみると同じ声は一つとしてありません。

　　Es gibt Stimmen, die sich ähneln, aber wenn man sie untersucht, gibt es keine zwei gleichen Stimmen.

② 皆が励まし合った結果、一人としてやめたいと言う者はいなかった。

　　Da sich alle gegenseitig ermutigten, gab es nicht einen, der sagte, dass er aufhören wolle.

③ 故郷で暮らす母を思わない日は一日としてありません。

　　Es gibt keinen Tag, an dem ich nicht an meine Mutter denke, die in meiner Heimat lebt.

7. たった一人で、人跡絶えた山奥にでも住まぬ以上、型にはまらないで暮らすわけにはゆきません。

V einfache Form ＋ 以上（は）

「V einfache Form（～）＋以上…」drückt aus, dass man, nachdem man festgestellt hat, dass「～」eine Tatsache ist, 「…」behauptet bzw. erklärt.

① 相手が「うん」と言わぬ以上、あきらめるしかありません。

　　Da die andere Seite nicht „Ja" sagt, bleibt nichts anderes als aufzugeben.

② 家賃が払えない以上、出ていくしかない。

　　Da ich die Miete nicht bezahlen kann, bleibt mir nichts als auszuziehen.

③ 結論が出た以上、実施に向けて計画を進めます。

　　Da der Beschluss vorliegt, werden wir die Pläne zu seiner Umsetzung vorantreiben.

8. 面倒くさいきずなを、ズタズタに切りさか**ぬかぎり**、社会人たる私達は、なんといおうと、型にはまらないで暮らすわけにはゆきません。

V ない／ぬ ＋ かぎり

「～ない／～ぬかぎり、…」hat die Bedeutung von「～がなければ…はない」。「～ぬ」ist die ältere Ausdrucksweise.

① 私が病気にでもならぬかぎり、この店は売りません。

　　Solange ich nicht krank werde oder so, verkaufe ich dieses Geschäft nicht.

② あきらめないかぎり、チャンスは必ず来ると思う。
Ich denke, solange ich nicht aufgebe, wird sich bestimmt eine Chance bieten.
③ ご本人の了承がないかぎり、個人情報はご提供できません。
Sofern wir nicht die Zustimmung der bzw. des Betreffenden haben, können wir keine persönlichen Informationen preisgeben.

9. 面倒くさいきずなを、ズタズタに切りさかぬかぎり、社会人たる私達は、なんといおうと、型にはまらないで暮らす**わけにはゆきません**。

V Wörterbuchform ／ V ない -Form ＋ わけにはい（ゆ）きません

「〜わけにはい（ゆ）かない」bedeutet, dass es nicht erlaubt bzw. möglich ist,「〜」zu tun.「わけにはいかない」wird oft mit Ausdrücken der Begründung, wie「〜(だ)から」oder「〜くて」, benutzt.

① どんなに生活に困っても、子どもの学費のために貯金してきたこのお金を使うわけにはいかない。
Egal was für Schwierigkeiten wir haben, unseren Lebensunterhalt zu bestreiten, dieses Geld, das wir für die Studiengebühren der Kinder gespart haben, dürfen wir nicht benutzen.
② 遅刻も1回、2回なら許してもいいが、3回も4回も重なると許すわけにはいかない。
Auch eine oder zwei Verspätungen kann ich entschuldigen, aber wenn Sie sich drei- oder viermal verspäten, (wörtl. wenn sie sich drei- oder viermal häufen), kann ich es nicht.
③ 失業中だからといって、親に頼るわけにはいかない。
Ich kann mich nicht auf meine Eltern stützen, nur weil ich arbeitslos bin.

10. 本人にはちっとも型をつくる気はなかったのに、その人々が利休をしのぶ**あまりに**、茶道の型をでっち上げたのです。

N のあまり［に］
V Wörterbuchform ＋ あまり［に］

「~~einfache Form~~ → V Wörterbuchform ／ N ＋ の ＋ あまり（に）…」bedeutet「とても〜で、その結果…（てしまう）」.

① 子どものことを心配するあまり、つい電話をしては嫌がられている。
Weil ich mir so große Sorgen um mein Kind mache, rufe ich es schließlich an, und dann ärgert es sich über mich.
② ダイエットに励むあまり、病気になった。
Weil ich so stark Diät gehalten habe, wurde ich krank.
③ 彼は驚きのあまりに、手に持っていたカップを落としてしまった。
Vor lauter Schreck hat er die Tasse, die er in der Hand hielt, fallen lassen.

Lerninhalte

※ Die in den Bereichen „Lesen & Schreiben" und „Sprechen & Hören" aufgeführten grammatikalischen Inhalte sind jeweils nach „Verständnis" und „Produktion" getrennt.

Lektion	読む・書く (Lesen & Schreiben)	話す・聞く (Sprechen & Hören)
L.13	ゲッキョク株式会社 (*Gekkyoku* AG)	勘違いしてることってよくありますよね (Es kommt doch oft vor, dass man im Irrtum ist, nicht wahr?)
Ziele	· einen Essay lesen · die Gefühle des Verfassers, die sich im Laufe der Zeit ändern, herauslesen	· Unterhaltungen, Geplauder, Dialoge in alltäglichen gesellschaftlichen Situationen fortführen · eine Anekdote erzählen
Verständnis	1．〜たて 2．たとえ〜ても 3．〜たりしない	5．…んだって？
Produktion	4．〜ほど	6．〜ながら 7．つまり、…という／ってことだ 8．…よね
L.14	海外で日本のテレビアニメが受けるわけ (Warum japanische Fernsehzeichentrickfilme im Ausland gut ankommen)	謎の美女と宇宙の旅に出るっていう話 (Die Geschichte, in der er mit einer mysteriösen Schönheit auf eine Reise ins Weltall geht)
Ziele	· einen erklärenden Text lesen · nach den Gründen suchend lesen · die Beziehung zwischen zwei Sachen/Dingen herauslesen	· eine Geschichte erzählen · zum (weiteren) Reden auffordern · Mitgefühl zeigen, Eindrücke erzählen
Verständnis	1．〜際 2．〜といった 3．〜に（も）わたって	10．…っけ？ 11．〜げ
Produktion	4．〜うちに 5．〜にとって 6．〜とは	

		7．〜において 8．…わけだ 9．…のではないだろうか	
L.15		働かない「働きアリ」 (Arbeiterameisen, die nicht arbeiten)	イルワンさんの右に出る人はいないということです (Es heißt, dass niemand Herrn Ilwan gleichkommt)
	Ziele	・einen Sachtext lesen ・Sätze lesen, in denen eine Bedingung und eine Folge beschrieben sind	・das Gespräch fortführen, das Gespräch mittendrin abbrechen ・loben, bescheiden sein
	Verständnis	1．…という 2．〜たびに	7．…ほどのものじゃない 8．〜だけでなく
	Produktion	3．〜に関する 4．…わけではない 5．…のではないか 6．…のだ（umschreiben）	9．〜といえば
L.16		個人情報流出 (こじんじょうほうりゅうしゅつ) (Private Daten gestohlen)	不幸中の幸いだよ (ふこうちゅう さいわ) (Das ist Glück im Unglück!)
	Ziele	・Nachrichten aus der Gesellschaft in der Zeitung lesen ・sich die Übersicht über einen Artikel schnell verschaffen ・den Tatsachenbestand herauslesen	・von einer bitteren Erfahrung erzählen ・trösten, ermutigen
	Verständnis	1．〜に応じる・〜に応じて 2．〜によって 3．〜とみられる 4．…としている	8．あんまり…から
	Produktion	5．〜にもかかわらず 6．…とともに 7．〜たところ	9．…ところだった 10．〜に限って

L.17	暦(こよみ) (Kalender)	もうお兄(にい)ちゃんだね (Du bist ja schon ein großer Junge, nicht?)
Ziele	· einen erklärenden Text lesen · eine Episode, die mit einer Angelegenheit in Verbindung steht, herauslesen	· Bezeichnungen je nach Gesprächspartner angemessen benutzen · den Sprechstil je nach Gesprächspartner angemessen benutzen
Verständnis	1．～からなる 2．～としては 3．～上(じょう) 4．～により	7．～てはじめて 8．～ったら
Produktion	5．～ことから 6．～ざるを得(え)ない	9．～にしては 10．…からには 11．～でしょ。
L.18	鉛筆削(えんぴつけず)り（あるいは幸運(こううん)としての渡辺(わたなべ)昇(のぼる)①） (Der Bleistiftspitzer (oder Noboru Watanabe, der Glücksbringer ①))	あなたこそ、あの本の山はいったい何(なん)なの！ (Und du, was ist bitte schön mit diesem Bücherberg?)
Ziele	· einen Roman lesen · die freie Interpretation genießen, wobei man die Handlungen und innersten Gefühle der auftretenden Personen verfolgt	· meckern, widersprechen etc. · die Beziehung wiederherstellen, indem man sich entschuldigt, dem Gesprächspartner Recht gibt etc.
Verständnis		4．～た 5．だって、…もの 6．～たところで
Produktion	1．…に違(ちが)いない 2．～に比(くら)べて 3．…ものだ・ものではない	7．～だって 8．～こそ

L.19		ロボットコンテスト　－ものづくりは人づくり－ (Roboter-Wettbewerb – Herstellung von Dingen bedeutet Ausbildung von Talenten)	ちょっと自慢話になりますが (Es ist ein wenig angeberisch, das zu sagen, aber ...)
	Ziele	· herauslesen, was der Verfasser sagen möchte, die Tatsachen und deren Bewertung · die dargelegte Meinung exakt erfassen	· eigene Erfahrungen oder Eindrücke in zusammenhängender Form erzählen · bei einem Treffen eine Rede improvisieren
	Verständnis	1．～を対象に 2．～ばかりでなく	8．決して～ない
	Produktion	3．～にほかならない 4．～を通して 5．～から～にかけて 6．～はともかく 7．～ためには	
L.20		尺八で日本文化を理解 (Durch die *Shakuhachi* die japanische Kultur verstehen)	なぜ、日本で相撲を取ろうと思われたのですか (Wie kamen Sie darauf, in Japan Sumo zu betreiben?)
	Ziele	· die Kulturseite einer Zeitung lesen · durch das Profil die Person kennen lernen	· interviewen · sich den Ablauf des Interviews überlegen · durch das Interview in Erfahrung bringen, was für eine Person das Gegenüber ist
	Verständnis	1．～のもとで 2．そう 3．…ぞ。 4．…と同時に	9．～をこめて 10．～ば～だけ
	Produktion	5．～しかない 6．～の末 7．～て以来 8．…くらい	11．～たとたん（に） 12．～からといって

L.21	日本の誇り、水文化を守れ (Beschützt die Wasserkultur, Japans Stolz!)	発表：データに基づいてお話ししたいと思います (Präsentation: Ich möchte gerne auf der Grundlage der Daten (über etwas) sprechen)
Ziele	・einen Text lesen, der eine Meinung darlegt ・die Ansicht des Verfassers aus seinen Begründungen oder konkreten Beispielen herauslesen	・auf der Grundlage von Daten eine Rede halten, die Informationen vermittelt ・etwas mit grafischen Darstellungen erklären
Verständnis	1．〜もせずに 2．〜といえども 3．よほど〜でも 4．いかに〜か	
Produktion	5．…とか。 6．〜に言わせれば	7．〜に基づいて 8．〜と言える 9．一方（で） 10．〜に限らず
L.22	私の死亡記事 (Meine Todesanzeige)	賛成！ (Ich bin dafür!)
Ziele	・den Inhalt eines Brieftexts (Bittbriefs) erfassen ・die Denkweise des Verfassers über den Tod (Einstellung zu Leben und Tod) erfassen	・die Fertigkeit erwerben, in Diskussionen Meinungen auszutauschen
Verständnis	1．〜次第だ 2．〜をもって…とする	7．〜としても 8．〜（よ）うにも〜ない 9．〜わりに
Produktion	3．〜においては 4．〜うる 5．…のであろう 6．〜と思われる	10．〜べきだ 11．〜というより

L.23 Ziele	コモンズの悲劇 (Tragik der Allmende) ・eine Abhandlung lesen ・die Behauptungen des Verfassers verstehen	スピーチ：一人の地球市民として (Rede: Als ein Bürger der Erde) ・vor vielen Leuten eine Rede halten ・den Zuhörern die eigenen Standpunkte verständlich vermitteln
Verständnis	1．～に及ぶ 2．…可能性がある	6．～ことに 7．～恐れのある／がある 8．～までもない
Produktion	3．この～ 4．～上で 5．～につれて	9．～がきっかけで・～をきっかけに 10．～をはじめ
L.24 Ziele	型にはまる (In eine Form hineingesteckt werden) ・einen Essay lesen ・die Behauptungen des Verfassers herauslesen ・vergleichend lesen	好奇心と忍耐力は誰にも負けないつもりです (Was Neugier und Durchhaltevermögen betrifft, glaube ich, dass ich es mit jedem aufnehmen kann) ・ein Vorstellungsgespräch absolvieren ・sich von seiner besten Seite zeigen ・ausführlich über sein Fachgebiet sprechen
Verständnis	1．～ざる～ 2．～から～に至るまで 3．～きる 4．～ならぬ～	
Produktion	5．～さえ～ば 6．～として～ない 7．～以上（は） 8．～ないかぎり 9．～わけにはいかない／ゆかない 10．～あまり（に）	

Teil III
Zusätzliche Grammatik

(※「～」sind Wörter und Ausdrücke wie z.B. Nomen,「……」entspricht einem Satz.)

1. Ausdrücke mit zusammengesetzten Partikeln (partikelartige Wörter und Ausdrücke aus zwei oder mehr Bestandteilen)

1－1　ähnliche Beispiele nennen

1）**～にしても** zeigt, dass es neben「～」noch andere Beispiele gibt.
   ① 奥様にしてもご主人がノーベル賞を受賞するとは当日まで知らなかったということです。
   Es heißt, selbst seine Frau wusste bis zu dem betreffenden Tag nicht, dass ihr Mann den Nobelpreis verliehen bekommt.
   ② オーストラリアでは水不足が続いているので、風呂の水ひとつにしても使う量が制限されているらしい。
   Weil der Wassermangel in Australien andauert, soll selbst die Wassermenge für ein Bad beschränkt worden sein.

2）**～でも～でも……** drückt aus, dass「～」und alles andere, das zur gleichen Art gehört,「……」ist.
   ① ワイン買ってきて。赤でも白でもいいけどイタリアのワインね。
   Geh bitte einen Wein kaufen. Egal ob rot oder weiß, aber einen aus Italien bitte.
   ② 彼は中国語でも韓国語でも理解できる。
   Er kann sowohl Chinesisch als auch Koreanisch verstehen.

3）**～といい～といい、……**「……」betrifft sowohl「～」als auch「～」.
   ① 姉といい兄といい、みんな会社員になってしまった。父の店を守るのは私以外にいない。
   Meine (ältere) Schwester, mein (älterer) Bruder, alle beide sind sie leider Firmenangestellte geworden. Es gibt keinen außer mir, um das Geschäft meines Vaters zu bewahren.
   ② ここは、味といいサービスといい、最高のレストランだ。
   Ob beim Geschmack oder beim Service, dieses Restaurant hier ist einfach das Beste.

4）**～というような／といったような／といった……** nennt「～」als Beispiel von「……」.
   ① 私は金閣寺というような派手なお寺より、三千院といったような地味なお寺のほうが好きだ。
   Ich mag schlichte Tempel wie z.B. den Sanzen'in lieber als prunkvolle wie den Kinkakuji.
   ② 医師からの説明は、入院前、手術前、手術後といった段階で丁寧にいたします。
   Eine gründliche Erklärung der Ärzte bekommen Sie in den verschiedenen Phasen, wie z.B. vor der Aufnahme ins Krankenhaus, vor der Operation und nach der Operation.
   ③ 移民を受け入れるには、彼らの人権をどのように守るのかといったような問題を解決しなければならない。
   Um Einwanderer aufzunehmen, muss man z.B. das Problem lösen, wie man ihre Menschenrechte wahrt.

5）〜にしても〜にしても／〜にしろ〜にしろ／〜にせよ……「〜」sind Beispiele für「……」, und alle Beispiele sind「……」. Wenn der Ausdruck zusammen mit einem Fragewort benutzt wird, bedeutet er「〜するときはいつも」. Wenn er wiederholt wird, bedeutet er「〜の場合でも、〜の場合でも」.
① ローマにしてもアテネにしても、古代遺跡が多く残る都市では地下鉄をつくるのに時間がかかる。
Es braucht Zeit, um eine U-Bahn-Linie in einer Stadt zu bauen, in der viele historische Stätten erhalten sind, wie etwa in Rom oder Athen.
② この先生のゼミに入るためには、中国語にしろ、韓国語にしろ、アジアの言葉を最低１つ勉強しなければならない。
Um in das Seminar dieses/-r Dozenten/-in aufgenommen zu werden, muss man mindestens eine asiatische Sprache lernen, sei es nun Chinesisch oder Koreanisch.
③ 何を食べるにせよ、栄養のバランスを考えることが必要だ。
Egal was man isst, es ist nötig, an eine ausgewogene Ernährung (wörtl. die Ausgewogenheit der Nahrung) zu denken.
④ 出席するにせよ、欠席するにせよ、返事をメールで知らせてください。
Bitte lassen Sie mich Ihre Antwort per E-Mail wissen, egal ob Sie teilnehmen oder nicht.

1－2　ein extremes Beispiel nennen

1）〜さえ……「〜」ist ein extremes Beispiel, und alles außer「〜」ist selbstverständlich「……」.
① この病気のことは家族にさえ相談できない。
Über diese Krankheit kann ich nicht einmal mit meiner Familie sprechen.
② あの当時はお金がなくて、インスタントラーメンさえ買えなかった。
Damals hatte ich kein Geld und konnte mir nicht einmal Instant-*Rāmen* kaufen.

1－3　etwas auf nur eins beschränken

1）〜は〜にかぎる　＝　〜は〜が一番だ (Bezüglich「〜」ist「〜」am besten.)
① 疲れたときは寝るにかぎる。
Wenn man erschöpft ist, ist Schlafen das Beste.
② 和菓子は京都にかぎる。
Bei japanischen Süßigkeiten sind die aus Kyōto am besten.

1－4　eine Ursache oder einen Grund nennen

1）〜とあって……　＝　〜ということを考えると、……のは当然だ (Wenn man「〜」bedenkt, ist「……」selbstverständlich.)
① さすがに大学院生とあって、どの論文を読めばいいか、よく知っている。
Wie man von einem/-r postgraduierten/-r Studenten/Studentin wie ihm/ihr erwarten kann, weiß er/sie genau, welche Abhandlung man am besten liest.

②　水曜日は女性が割引料金で見られるとあって、映画館は仕事帰りの女性ばかりだ。
Wie zu erwarten war, weil mittwochs der Eintritt für Frauen ermäßigt ist, sind im Kino nur Frauen, die von der Arbeit kommen.

2）〜につき　＝　〜という事情があるので (weil der Umstand 「〜」 besteht).
①　工事中につきバス停の場所を移動しました。
Wegen der Bauarbeiten wurde die Bushaltestelle verlegt.
②　来週の月曜日は祝日につき図書館は休館といたします。
Wegen des Feiertags ist die Bibliothek am nächsten Montag geschlossen.

3）〜ばかりに beinhaltet das Gefühl, dass es an 「〜」 liegt, dass sich etwas Schlechtes ergibt.
①　携帯電話を家に忘れてきてしまったばかりに、待ち合わせをした友達に会えなかった。
Bloß weil ich mein Handy zu Hause vergessen hatte, konnte ich meine/-n Freundin/Freund nicht treffen, mit der/dem ich verabredet war.
②　英語ができないばかりに、なかなか就職が決まらない。
Bloß weil ich kein Englisch kann, finde ich einfach keine Anstellung.
③　子どもの病気を治したいばかりに、父親は無理をして働き、とうとう病気になってしまった。
Einfach deshalb, weil er die Krankheit seines Kindes heilen wollte, hat der Vater sich überarbeitet und wurde letzten Endes leider selbst krank.

1−5　anhand eines Beispiels veranschaulichen

1）〜やら〜やら　＝　〜や〜など (「〜」,「〜」 etc.)
①　急な入院だったので、パジャマやらタオルやらを家に取りに帰る時間もなかった。
Weil es eine unerwartete Aufnahme ins Krankenhaus war, hatte ich nicht einmal Zeit, nach Hause zu gehen, um meinen Schlafanzug, Handtücher etc. zu holen.
②　押すやら引くやらいろいろやってみたが、このドアはいっこうに開かない。
Ich habe alles versucht, zu drücken oder zu ziehen, aber die Tür öffnet sich kein Stück.

2）〜も……なら、〜も…… drückt aus, dass beide 「〜」 den Aspekt 「……」 haben.
①　研究者にとって「しつこさ」も長所なら、「あきらめの早さ」も長所だ。場合によって、この２つを使い分ける必要がある。
Für eine/-n Forscherin/Forscher sind sowohl „Hartnäckigkeit" als auch „schnell aufgeben zu können" Stärken. Es ist notwendig, die beiden je nach den Umständen angemessen zu benutzen.
②　医者が１人しかいないクリニックも病院なら、何十もの診療科がある総合病院も病院である。自分の病状に合わせて病院を選ぶことが必要だ。
Sowohl Kliniken, in denen es nur eine/-n Ärztin/Arzt gibt, als auch allgemeine Krankenhäuser mit mehreren Dutzend Abteilungen sind Krankenhäuser. Es ist notwendig, das Krankenhaus entsprechend dem eigenen Krankheitszustand zu wählen.

1－6　vergleichend beschreiben

1）**～と違って……** drückt aus, dass「……」anders als「～」ist.

　① 彼女はおしゃべりな姉と違って、無口な女性だ。

　　Sie ist, anders als ihre plauderfreudige ältere Schwester, eine schweigsame Frau.

　② 最後の問題はそれまでの問題と違ってかなり難しい。

　　Die letzte Aufgabe ist, anders als die Aufgaben bis dahin, ziemlich schwierig.

2）**～のに対して、……** drückt aus, dass「～」einen Gegensatz zu「……」bildet.

　① 東日本で濃い味が好まれるのに対して、西日本では薄味が好まれる。

　　Im Gegensatz dazu, dass in Ostjapan ein kräftiger Geschmack bevorzugt wird, wird in Westjapan ein milder Geschmack bevorzugt.

　② 女性が楽観的なのに対して、男性は悲観的だという調査がある。

　　Es gibt eine Untersuchung, die besagt, dass Männer pessimistisch sind, während Frauen optimistisch sind.

　③ 都市の人口は増えているのに対して、農村の人口は減ってきている。

　　Während die Einwohnerzahl in den Städten steigt, nimmt sie in den Bauerndörfern (bis jetzt immer) ab.

3）**～反面** beschreibt eine andere Seite oder eine gegenteilige Seite zu der Eigenschaft「～」, die ein Ding oder eine Sache besitzt.

　① 工業の発展は人類の生活を豊かにした反面、美しい自然を破壊することにつながった。

　　Einerseits hat die Entwicklung der Industrie das Leben der Menschheit bereichert, andererseits führte sie zur Zerstörung der schönen Natur (wörtl. führte sie dazu, dass man die schöne Natur zerstört).

　② 就職して経済的には落ち着いた反面、自由な時間が少なくなり、読みたい本を読む暇もない。

　　Einerseits habe ich nun ein finanziell gesichertes Leben, weil ich eine Stellung gefunden habe, andererseits ist meine Freizeit weniger geworden, und ich habe sogar keine Zeit (mehr), Bücher zu lesen, die ich gerne lesen möchte.

　③ 彼女は自信家でプライドが高い反面、傷つきやすく、他人の評価を気にする性格だった。

　　Einerseits war sie jemand mit großem Selbstvertrauen und Stolz, andererseits war sie empfindlich und hatte einen Charakter, sich die Bewertung durch andere Menschen zu Herzen zu nehmen.

1－7　das Gefühl vermitteln, dass etwas aufgrund einer Tatsache oder einer Situation selbstverständlich gemacht werden soll oder ein vorstellbarer Zustand ist

1）**～のだから** beschreibt eine selbstverständliche Handlung oder Situation aufgrund einer Tatsache oder Sachlage.

① 自分で決めたのだから、最後まであきらめずに頑張りなさい。

Du hast dich selbst dafür entschieden, also gib nicht auf, sondern halte bis zum Ende durch!

② まだ小学1年生なんだから、漢字で書けなくても仕方がない。

Da kann man nichts machen, wenn er/sie nicht mit *Kanji* schreiben kann, denn er/sie ist ja noch in der 1. Klasse an der Grundschule.

③ 急いでください。時間がないんですから。

Beeilen Sie sich bitte. Wir haben keine Zeit (wörtl. Denn wir haben ja keine Zeit).

2) **〜だけあって** beschreibt ein (gutes) Resultat, wie man es aufgrund einer Tatsache oder Sachlage erwartet.

① 建築家の自宅だけあって、おしゃれで機能的につくられている。

Wie man vom Eigenheim eines/r Architekten/Architektin erwarten kann, ist es schick und funktional gebaut.

② ブランドもののハンドバッグは高いだけあって、品質がいい。

Wie man aufgrund des hohen Preises erwarten kann, ist die Qualität von Markenhandtaschen gut.

③ スミスさんは20年以上日本に住んでいるだけあって、日本語はぺらぺらだ。

Herr/Frau Smith lebt seit über 20 Jahren in Japan, und wie zu erwarten kann er/sie fließend Japanisch.

3) **〜だけに** beschreibt ein (gutes oder schlechtes) Resultat, wie man es aufgrund einer Tatsache oder Sachlage erwartet.

① 若いだけに、なんでもすぐに覚えられる。

Da er/sie jung ist/sind, kann/können er/sie sich alles sofort merken.

② きっと合格すると期待していただけに、不合格の知らせにがっかりした。

Ich war umso enttäuschter von der Nachricht des Nichtbestehens, weil ich erwartet hatte, dass er/sie bestimmt besteht.

1−8 vermitteln, dass die Ursache oder der Grund ungewiss ist

1) **〜からか** drückt eine ungewisse Ursache oder einen unsicheren Grund aus.

① 日曜日の午後だからか、デパートはいつもより込んでいた。

Vielleicht weil es ein Sonntagnachmittag war, war das Kaufhaus voller als sonst.

② 忙しいからか、お金がないからか、最近田中さんがゴルフに来なくなった。

Vielleicht weil er viel zu tun hat, oder weil er kein Geld hat, kommt Herr Tanaka in letzter Zeit nicht mehr zum Golf.

③ 昨晩、遅く寝たからか、職場に来てもまだ眠い。

Vielleicht weil ich letzte Nacht spät ins Bett gegangen bin, bin ich auch am Arbeitsplatz immer noch müde.

④ 寝不足からか、一日中、頭が痛かった。

Vielleicht wegen des Schlafmangels hatte ich den ganzen Tag Kopfschmerzen.

2）**〜ためか** drückt eine ungewisse Ursache oder einen unsicheren Grund aus.
① 大雨のためか、電車のダイヤが大幅に乱れている。

Vielleicht wegen des starken Regens ist der Zugfahrplan in große Unordnung geraten.
② インフルエンザがはやっているためか、病院の待合室は混雑していた。

Vielleicht weil die Grippe grassiert, war das Wartezimmer im Krankenhaus überfüllt.

＊「ため」kann auch ein Ziel ausdrücken.
・李さんは、留学資金を貯めるためか、毎日3時間以上もアルバイトしている。

Frau Lee jobbt jeden Tag sage und schreibe über drei Stunden, vielleicht um Geld für ein Studium im Ausland zu sparen.

3）**〜のか** drückt aus, dass etwas die Ursache sein könnte, auch wenn man nicht weiß, ob es stimmt.
① 忙しいのか、最近、田中君から連絡が来ない。

Vielleicht hat Herr Tanaka viel zu tun; in letzter Zeit meldet er sich nicht bei mir.
② どこか具合でも悪いのか、朝から渡辺さんは元気がない。

Vielleicht ist etwas nicht in Ordnung; seit dem Morgen ist Herr/Frau Watanabe matt.
③ 誰かとけんかでもしたのか、娘が学校へ行きたくないと言った。

Vielleicht hat sie sich mit jemandem gestritten; meine Tochter hat gesagt, dass sie nicht zur Schule möchte.

1－9 adversative Satzverbindung

1）**〜ものの** beschreibt eine Sachlage, die im Gegensatz zu einer Vermutung oder Erwartung steht, oder Sachlagen, die sich vom Sinn her gegenüberstehen.
① 一生懸命頼んでみたものの、結局引き受けてはもらえなかった。

Obwohl ich inständig gebeten habe, konnte ich letzten Endes keine Zusage bekommen.
② たまには家族で旅行したいものの、忙しくて計画も立てられない。

Obwohl ich auch manchmal mit der Familie verreisen möchte, komme ich noch nicht einmal dazu, einen Plan zu erstellen, weil ich so viel zu tun habe.
③ 市内から空港までは、数は少ないものの、バスの直行便がある。

Von der Innenstadt zum Flughafen gibt es eine direkte Busverbindung, wenn es auch nur wenige Busse sind (, die fahren).

2）**〜とはいうものの** drückt aus, dass etwas in der Realität anders ist, obwohl es wortwörtlich genommen so ist.
① 株式会社とはいうものの、社員は5人しかいない。

Die Firma heißt zwar Aktiengesellschaft, aber es gibt nur 5 Angestellte.
②「酒は百薬の長」とはいうものの、飲み過ぎは健康に悪い。

Es heißt, dass Alkohol die beste Medizin ist, aber zu viel zu trinken ist schlecht für die Gesundheit.

③ 退院したとはいうものの、まだときどき痛みがある。
Ich wurde zwar aus dem Krankenhaus entlassen, trotzdem habe ich manchmal noch Schmerzen.

3) **〜どころか** beschreibt, dass die Tatsachen ganz anders als die Erwartung oder Meinung sind.

① 夕方になっても雨は止むどころか、ますます激しくなった。
Auch als es Abend wurde, hat der Regen überhaupt nicht aufgehört, sondern wurde immer heftiger.

② コンサートには観客が100人くらいは来るだろうと思っていたが、100人どころか20人しか来なかった。
Ich hatte gedacht, dass wohl ungefähr 100 Zuschauer zum Konzert kommen, aber es kamen keineswegs 100 sondern nur 20.

③ コンサートには観客が100人くらいは来るだろうと思っていたが、100人どころか200人も来た。
Ich hatte gedacht, dass ungefähr 100 Zuschauer zum Konzert kommen, aber statt 100 kamen sage und schreibe 200.

4) **〜くせに** Es wird gesagt, dass es etwas entgegengesetzt zu der Erwartung ist, die man aufgrund der Fähigkeiten oder des Charakters einer Person hat, und eine Kritik gegenüber oder Unzufriedenheit mit dieser Person wird ausgedrückt.

① 兄は自分では料理が作れないくせに、いつも他の人が作った料理に文句を言う。
Obwohl mein älterer Bruder selbst nicht kochen kann, meckert er immer über das Essen, das andere zubereitet haben.

② 田中さんは、明日試験があることを知っていたくせに、教えてくれなかった。
Obwohl Herr/Frau Tanaka wusste, dass morgen eine Prüfung ist, hat er/sie mir nicht Bescheid gesagt.

③ 弟は、まだ未成年のくせに、お酒を飲もうとして叱られた。
Obwohl mein jüngerer Bruder noch minderjährig ist, hat er versucht, Alkohol zu trinken, und es wurde mit ihm geschimpft.

5) **〜といっても** drückt aus, dass etwas, das man vorher erwähnt hat, vom Ausmaß her nicht so hoch ist.

① 英語が話せるといっても、日常会話に困らない程度です。
Auch wenn ich sage, dass ich Englisch sprechen kann, bin ich (nur) auf dem Niveau, wo ich keine Schwierigkeiten mit alltäglichen Gesprächen habe.

② 東京でも毎年、雪が降る。降るといっても数センチ積もる程度だが。
Auch in Tōkyō schneit es jedes Jahr. Allerdings, auch wenn man sagt, dass es schneit, liegen (nur) ein paar Zentimeter Schnee auf dem Boden.

③ 社長といっても、社員10人ほどの小さな会社の社長なんです。
Man nennt mich zwar Firmenchef/-in, aber ich bin Firmenchef/-in einer kleinen Firma mit etwa 10 Angestellten.

6）**〜にしろ／にせよ** drückt aus, dass etwas so ist, auch wenn eine gewisse Situation Tatsache ist.
　① 病院へ行くほどではないにしろ、風邪をひいて体がだるい。
　　Wenn ich auch nicht ins Krankenhaus gehen muss, bin ich erkältet und schlapp.
　② ほんの短い期間であったにせよ、海外で一人暮らしを経験できたことはよかった。
　　Auch wenn es nur eine kurze Zeit war, war es gut, dass ich im Ausland die Erfahrung machen konnte, alleine zu leben.

1－10　eine Bedingung ausdrücken

1）**〜ては** drückt aus, dass ein schlechtes Resultat entsteht, wenn eine bestimmte Situation auftritt (und dass man das Genannte deswegen nicht tun soll).
　① 全員が参加しては、会場に入りきれなくなる。
　　Wenn alle teilnehmen würden, würden sie nicht in die Halle hineinpassen.
　② 全員が協力しなくては、パーティーは成功しません。
　　Wenn nicht alle mitwirken (würden), klappt die Party nicht (würde die Party nicht klappen).
　③ あわてては、普段できることも失敗しますよ。落ち着いてください。
　　Wenn Sie den Kopf verlieren, misslingt sogar das, was Sie normalerweise können. Beruhigen Sie sich bitte.
　＊ Es gibt auch die Bedeutung, dass eine Handlung wiederholt wird.
　　・手紙を何度も書いては直した。
　　　Ich habe den Brief mehrmals umgeschrieben.
　　・書いては直し、書いては直し、やっとレポートを完成させた。
　　　Nach mehrmaligem Umschreiben habe ich endlich meine Hausarbeit fertiggestellt.

2）**〜てみろ** drückt aus, dass ein schlechtes Resultat entsteht, wenn eine bestimmte Situation auftritt (, und dass man es deswegen unterlassen soll, das Genannte zu tun).
　① 約束を破ってみろ、絶対に許さないからな。
　　Wehe, wenn du dein Versprechen brichst, dann werde ich dir auf keinen Fall verzeihen.
　② 全員が参加してみろ、会場があふれてしまうよ。
　　Pass mal auf, wenn alle teilnehmen, platzt die Halle aus allen Nähten.

3）**〜てからでないと** drückt aus, dass etwas, das man noch früher in die Tat umsetzen wollte, erst verwirklicht wird, nachdem eine gewisse Situation eingetreten ist.
　① 病気になってからでないと、健康のありがたみは分からない。
　　Man weiß die Gesundheit erst zu schätzen, wenn man krank geworden ist.
　② 高校を卒業してからでないと、アルバイトをやらせてもらえなかった。
　　Ich durfte erst einen Nebenjob machen, nachdem ich die Oberschule absolviert hatte.

4）**〜次第** beschreibt eine Handlung, die sofort durchgeführt wird, nachdem 「〜」 verwirklicht wird.

① パソコンは修理が終わり次第、お送りします。

Sobald die Reparatur fertig ist, werden wir Ihnen den PC schicken.

② 落とし物が見つかり次第、こちらからお電話します。

Sobald Ihre verlorene Sache gefunden wurde, werden wir Sie anrufen.

5) **～次第で** drückt aus, dass je mehr 「～」 verwirklicht wird, die Wahrscheinlichkeit steigt, dass/dessen Resultat eintritt.

① 努力次第で、夢は実現する。

Je nach Bemühung werden Träume wahr.

② 教師のアイディア次第で、生徒の学力は伸びる。

Abhängig vom Einfallsreichtum der Dozierenden steigt die Lernfähigkeit der Schüler.

6) **～としたら／とすれば／とすると** setzt 「～」 voraus, von dem man nicht weiß, ob es passiert oder nicht.

① クラス全員が来るとしたら、いすが３つ足りない。隣の教室から持ってこよう。

Angenommen, dass alle aus der Klasse kommen, dann fehlen drei Stühle. Lasst sie uns aus dem Klassenzimmer nebenan holen.

② 天気予報のとおりに明日大雨だとすると、花見の予定は変更しなければならない。

Angenommen, dass es morgen wie laut Wetterbericht starken Regen gibt, dann müssen wir den Plan für die Kirschblütenschau ändern.

7) **～ものなら** drückt aus, wie es wäre, wenn etwas beinahe Unmögliches verwirklicht werden könnte. 「Intentionalform＋ものなら」 drückt aus, dass es schlimm wird, wenn es in der Tat passiert.

① 国の母が入院した。できるものなら今すぐにも帰りたい。

Meine Mutter wurde in meinem Heimatland ins Krankenhaus aufgenommen. Wenn ich irgendwie könnte, würde ich gerne jetzt gleich hinfliegen (wörtl. zurückkehren).

② プライドの高い佐藤さんを少しでも批判しようものなら、彼は怒るだろう。

Wenn man den stolzen Herrn Satō nur ein wenig kritisieren würde, würde er wütend werden.

1－11 eine Zeit (eine Zeit von einer gewissen Länge, einen Moment, einen Fall) beschreiben

1) **～てからというもの** beschreibt, dass seit einem Ereignis die ganze Zeit ein Zustand existiert, der sich stark von dem bis dahin unterscheidet.

① 大地震が起こってからというもの、いつも地面が揺れているような気がする。

Seitdem es das große Erdbeben gab, kommt es mir immer so vor, als ob der Boden wackelt.

② 退職してからというもの、暇で仕方がない。

Seitdem ich in Rente gegangen bin, habe ich unerträglich wenig zu tun.

2）**〜（か）と思ったら／と思うと** beschreibt, dass ein anderes, unerwartetes Ereignis direkt nach einem bestimmten Ereignis passiert ist, oder dass man Ersteres erst dann bemerkt hat.
① 息子は「ただいま」と言ったと思ったら、もうベッドで横になっていた。
Gerade hatte mein Sohn gesagt: „Ich bin wieder da", da lag er schon im Bett.
② 母はテレビを見ながら泣いていると思ったら、突然笑い始めた。
Ich habe gedacht, dass meine Mutter beim Fernsehen geweint hat, da hat sie plötzlich angefangen zu lachen.
③ この地方の秋は短い。紅葉が始まったと思うとすぐ雪が降り始める。
Der Herbst in dieser Gegend ist kurz. Man denkt, dass die Herbstfärbung gerade angefangen hat, da beginnt es direkt zu schneien.

3）**〜か〜ないかのうちに** drückt aus, dass so gut wie keine Zeit vergeht.
① 彼は宝石を手に取って見るか見ないかのうちにその価値を言い当ててしまう。
Er hat den Edelstein kaum in die Hand genommen und ihn sich angesehen, da errät er schon seinen Wert.
② 私が意見を言い終わるか言い終わらないかのうちに、他の人も次々に意見を言い始めた。
Ich hatte kaum meine Meinung zu Ende gesagt, da haben die anderen auch schon angefangen, ihre Meinungen zu äußern.

4）**〜に際して** wird als formelle Entsprechung von「〜のときに」benutzt.
① この試験を受けるに際して、以下の書類を提出してください。
Wenn Sie diese Prüfung ablegen, legen Sie bitte die folgenden Unterlagen vor.
② 政府の能力は、非常事態に際してどのように素早く行動できるかで判断できる。
Das Vermögen einer Regierung kann man danach beurteilen, wie schnell sie bei einem Ausnahmezustand handeln kann.

5）**〜にあたって／にあたり** wird benutzt, wenn man etwas Besonderes und Anderes als sonst macht.
① 留学するにあたって、パスポートとビザを申請した。
Für mein Auslandsstudium habe ich einen Reisepass und ein Visum beantragt.
② 物事の決定にあたり、日本ではボトム・アップ方式を取ることが多い。
In Japan wird oft ein Bottom-Up-Management verwendet, wenn etwas zu beschließen ist.

1 − 12 Beschreiben einer Situation, die zusammen mit (oder nach) einer gewissen Handlung / einem gewissen Ereignis auftritt, oder einer Handlung, die gleichzeitig damit durchgeführt wird

1）**〜ついでに** drückt aus, dass man etwas anderes gleichzeitig neben dem eigentlichen Ziel macht.
① 買い物のついでに銀行でお金をおろしてきた。
Da ich nun einmal beim Einkaufen war, habe ich bei der Bank Geld abgehoben.

② 友達の結婚式で大阪へ行くついでに、京都に寄ってお寺を見てきたい。

Auf dem Weg nach Ōsaka zur Hochzeit meines/-r Freundes/Freundin möchte ich in Kyōto vorbeifahren und mir Tempel anschauen.

2）〜なしで ＝ 〜が存在しない状態で (im Zustand, dass「〜」nicht existiert).

① コンピューターなしで仕事をするのは難しい。

Es ist schwierig, ohne Computer zu arbeiten.

② 許可なしでこの部屋を使わないでください。

Benutzen Sie dieses Zimmer bitte nicht ohne Erlaubnis.

3）〜ことなく hat die Bedeutung von「〜しないで」.

① 日本に来てから大学に入るまで、一日も休むことなく日本語の勉強を続けた。

Von meiner Ankunft in Japan bis zum Einschreiben an der Universität habe ich weiter Japanisch gelernt, ohne auch nur einen Tag Pause zu machen.

② 自分が正しいと思うことは、迷うことなくやるべきだ。

Was man für richtig hält, soll man ohne zu zögern machen.

4）〜つつ／つつも drückt aus, dass dasselbe Subjekt zwei Handlungen gleichzeitig durchführt. 「〜つつも」bildet eine adversative Satzverbindung.

① 高い品質を保ちつつ、価格の安い商品を作ることは簡単なことではない。

Es ist keine einfache Sache, billige Produkte herzustellen, während man eine hohe Qualität beibehält.

② 会社の先輩は、文句を言いつつも、いつも私の仕事を手伝ってくれた。

Der ältere Kollege in der Firma hat mir immer bei der Arbeit geholfen, auch wenn er dabei gemeckert hat.

5）〜もかまわず ＝ 〜を気にしないで (ohne sich um「〜」zu kümmern).

① 彼女は化粧が落ちるのもかまわず、泣き続けた。

Sie hat weiter geweint, ohne Rücksicht darauf, dass ihr Make-up verwischt.

② 彼は周囲の視線もかまわず、彼女を抱きしめた。

Er hat sie in die Arme genommen, ohne sich um die Blicke (der Leute) um ihn herum zu kümmern.

1－13　Ausdrücken einer Einladung, einer Anweisung oder eines Urteils aufgrund von eigenen Kenntnissen

1）〜ことだから wird benutzt, wenn man aufgrund eines Ereignisses oder bestehender Kenntnisse jemanden einlädt, eine Anweisung gibt oder ein Urteil fällt.

① 試験も終わったことだから、みんなで食事に行こう。

Die Prüfung ist vorbei, also lasst uns alle zusammen essen gehen.

② いつも遅刻する山本さんのことだから、今日もきっと遅れてくるだろう。

Herr/Frau Yamamoto kommt immer zu spät, also wird er/sie auch heute bestimmt zu spät kommen.

1－14　Sonstige

1）**～に代わって** drückt aus, dass das Subjekt oder Objekt ausgetauscht wird.
　① 社長に代わって、部長が来年度の計画をご説明します。
　　An Stelle des/r Firmenchefs/in wird der/die Abteilungsleiter/-in den Plan für das kommende Jahr erklären.
　② ここでは石油に代わる新しい燃料を使っている。
　　Hier wird ein neuer Brennstoff benutzt, der Erdöl ersetzt.

2）**～にこたえて** drückt aus, dass man auf「～」reagierend etwas tut.
　① 大統領は支援者の声援にこたえて手を振った。
　　Der/die Präsident/-in hat auf die Anfeuerungsrufe seiner/ihrer Unterstützer hin gewinkt.
　② 多くのご要望におこたえして、新製品を開発することになりました。
　　Auf vielfachen Wunsch kam es dazu, dass wir ein neues Produkt entwickeln.

3）**～に先立って／に先立ち／に先立つ** drückt aus, dass man vor「～」etwas tut.
　① 結婚に先立って両家の親族が食事会を開くことになった。
　　Es hat sich so ergeben, dass die Verwandtschaft der beiden Familien ein gemeinsames Essen vor der Hochzeit organisiert.
　② 起業に先立つ資金は親から援助してもらった。
　　Das Geld für die Unternehmensgründung habe ich von meinen Eltern bekommen.

4）**～にしたがって／にしたがい……** drückt aus, dass die Veränderung「……」unter dem Einfluss der Veränderung「～」entsteht.
　① 日本での生活が長くなるにしたがって日本の文化にも詳しくなった。
　　In dem Maße, wie mein Leben in Japan andauerte, wurde ich auch in der japanischen Kultur bewanderter.
　② 食生活の多様化にしたがい、成人病の治療も複雑になってきた。
　　In Folge der zunehmenden Vielfältigkeit der Essgewohnheiten ist die Behandlung von Erwachsenenkrankheiten komplizierter geworden.

5）**～にともなって／にともない／にともなう** drückt aus, dass die Veränderung「～」an eine andere Veränderung gekoppelt ist.
　① 少子化にともなって小学校の統廃合が進んでいる。
　　Zusammen mit dem Sinken der Geburtenrate schreiten die Integration und die Schließung von Grundschulen voran.
　② この国では医学の進歩にともなう高齢化が進んでいる。
　　In diesem Land schreitet das mit den Fortschritten der Medizin einhergehende Altern (der Gesellschaft) fort.

6）**～に対して（は、も）／に対し** bezeichnet deutlich den Gegenstand, auf den eine Handlung oder ein Interesse gerichtet wird.

① 社員たちは社長に対して給料を上げてほしいと訴えた。
Die Angestellten haben (direkt) an den/die Firmenchef/-in appelliert, ihr Gehalt zu erhöhen.

② 田中さんに対する部長のものの言い方は厳しすぎる。
Die Redeweise des/r Abteilungsleiters/in gegenüber Herrn/Frau Tanaka ist zu streng.

7) ～を契機に（して）／を契機として…… drückt aus, dass 「……」aus dem Anlass 「～」 entstanden ist.

① オリンピックの開催を契機として都市整備が急ピッチで進められた。
Aus Anlass der Abhaltung der Olympiade wurde die Stadtentwicklung mit hoher Geschwindigkeit vorangetrieben.

② 県大会での優勝を契機に今度は全国大会での優勝を目指す。
Durch den Sieg beim Präfekturturnier motiviert, streben wir als Nächstes den Sieg beim landesweiten Turnier an.

8) ～をもとに（して）…… beschreibt, dass 「～」 das Ausgangsmaterial oder die Basis von 「……」 ist. Für 「……」 werden Verben benutzt, die Herstellung, Entscheidung, Durchführung etc. ausdrücken.

① 実話をもとにして映画を作った。
Wir haben einen Film auf der Grundlage einer wahren Geschichte produziert.

② 社員の営業成績をもとに翌年の売上げ目標を決める。
Auf der Basis der Geschäftsleistung der Angestellten beschließen wir das Umsatzziel für das kommende Jahr.

9) ～たあげく…… drückt 「……」 aus, das am Ende entstanden ist, nachdem man sich lange bemüht oder verschiedene schwierige Erfahrungen gemacht hat.

① 妹の結婚祝いは、あれにしようかこれにしようかとさんざん迷ったあげく、現金を贈ることにした。
Nach langem Hin-und-Her-Überlegen, was ich zur Hochzeit meiner jüngeren Schwester schenke, habe ich mich letztendlich entschieden, Geld zu schenken.

② 兄は何度も入学試験に失敗したあげく、とうとう大学への進学をあきらめてしまった。
Nach mehrmaligen Misserfolgen bei der Aufnahmeprüfung hat mein älterer Bruder letzten Endes das Studium an der Universität aufgegeben.

10) ～うえ／うえに drückt aus, dass zu einem gewissen Zustand oder Ereignis noch ein ähnlicher Zustand oder ein ähnliches Ereignis hinzukommt.

① 東京の賃貸マンションは狭いうえ値段も高い。
Mietwohnungen in Tōkyō sind klein, und die Preise sind auch noch hoch.

② 子どもが急に熱を出したうえに、自分も風邪気味で、仕事を休まなければならなくなった。
Mein Kind hat plötzlich Fieber bekommen, und auch ich selber habe eine leichte Erkältung, deswegen musste ich mir von der Arbeit frei nehmen.

11) 〜かわりに drückt aus, dass man etwas anderes als「〜」macht oder in einen anderen Zustand gerät.
   ① 授業料を免除されるかわりに、学校の事務の仕事を手伝うことになった。
      Dafür, dass ich die Studiengebühren erlassen bekomme, muss ich bei der Verwaltungsarbeit der Uni helfen.
   ② 私のマンションの1階にはコンビニがあって、便利なかわりに、人がいつも通って、少しうるさい。
      Im Erdgeschoss meines Wohnhauses gibt es einen Convenience Store, und das ist schon praktisch, aber dafür ist es ein wenig laut, weil immer Leute vorbeikommen.

12) 〜にかけては…… Die Bewertung「……」beschränkt sich auf den Fall「〜」, aber「〜」sticht hervor.
   ① この子は暗算が得意で、そのスピードにかけてはコンピューターにも負けないくらいだ。
      Dieses Kind ist so geschickt im Kopfrechnen, dass es, was die Schnelligkeit betrifft, einem Computer nicht nachsteht.
   ② 福井県はメガネの生産にかけては全国一を誇っている。
      Die Präfektur Fukui rühmt sich, was die Herstellung von Brillen betrifft, mit dem ersten Platz im ganzen Land.

13) 〜にしたら／にすれば vom Standpunkt von「〜」aus.
   ① 子どもにしたらビールは単なる苦い飲み物でしかない。
      Für Kinder ist Bier nur ein bitteres Getränk.
   ② このカレーの辛さは大人にすれば何でもないが、子どもにはとても食べられない。
      Die Schärfe dieses Currys macht Erwachsenen nichts aus, aber für Kinder ist es unmöglich zu essen.

14) 〜に反して／に反し drückt aus, dass etwas anders ist als die Absicht von「〜」.
   ① 周囲の期待に反して、結局彼らは結婚しなかった。
      Entgegen den Erwartungen (der Leute) um sie herum haben sie schließlich nicht geheiratet.
   ② あの政党は市民の意思に反するマニフェストを掲げている。
      Diese Partei hat ein Manifest aufgestellt, das im Gegensatz zu den Wünschen der Bürger steht.

15) 〜ぬきで／ぬきに／ぬきの、〜をぬきにして（は）drückt aus, dass「〜」fehlt, das eigentlich enthalten sein sollte.
   ① 堅苦しいことはぬきにして、ざっくばらんに話しましょう。
      Lassen wir die Förmlichkeiten beiseite und sprechen wir offen!
   ② ワサビぬきのお寿司なんて食べたくない。
      So etwas wie Sushi ohne *Wasabi* möchte ich nicht essen.

16) 〜を問わず…… drückt aus, dass「……」unabhängig von der Verschiedenheit von「〜」ist.

① この店ではメーカー・車種を問わず高額でバイクの買い取りを行っている。

In diesem Laden werden Motorräder zu einem hohen Preis angekauft, unabhängig von Herstellern oder Modellen.

② この試験は国籍を問わず誰でも受けられます。

Diese Prüfung kann jeder unabhängig von der Nationalität ablegen.

17) **〜を中心に（して）／を中心として**……drückt aus, dass「……」hauptsächlich「〜」betrifft.

① 今回、日本経済の停滞の原因を中心に調査が行われた。

Diesmal wurde eine Untersuchung hauptsächlich über die Ursachen der Stagnation der Konjunktur Japans durchgeführt.

② この大学は医学部を中心とした理系の学部が人気だ。

An dieser Universität sind die naturwissenschaftlichen Fakultäten, mit der medizinischen Fakultät im Mittelpunkt, beliebt.

18) **〜はもちろん／はもとより〜も** Man greift das selbstverständliche「〜」auf und drückt aus, dass es auch「〜」einschließt, das normalerweise nicht dazugehört.

① ディズニーランドは、子どもはもちろん大人も楽しめる。

In Disneyland können nicht nur Kinder, sondern auch Erwachsene Spaß haben.

② 京都には和食はもとより洋食のおいしいレストランも多い。

In Kyōto gibt es neben guten (wörtl. leckeren) Restaurants mit japanischer Küche auch viele gute mit westlicher Küche.

19) **〜をめぐって**……drückt aus, dass「〜」oder etwas, das mit「〜」zu tun hat,「……」verursacht.

① 墓地の建設をめぐって周辺の住民が反対運動を起こしている。

Bezüglich der Anlage eines Friedhofs haben die Bewohner in der Umgebung eine Protestbewegung ins Leben gerufen.

② 父親の遺産をめぐって長男と次男が法廷で争っている。

Um das Erbe ihres Vaters streiten sich der älteste und der zweite Sohn vor Gericht.

20) **〜につけ／につけて／につけても**……drückt aus, dass immer「……」gilt, wenn man「〜」macht.

① この写真を見るにつけ昔のことを思い出す。

Jedes Mal, wenn ich mir dieses Foto ansehe, erinnere ich mich an die früheren Zeiten.

② 何事につけ真心をこめて丁寧に対応していれば、客に文句を言われることはない。

Wenn man sich bei jeder Angelegenheit aufrichtig und höflich verhält, kommt es nicht dazu, dass sich Kunden beschweren.

2．Ausdrücke mit Konjunktionen (P: Satz vor der Konjunktion Q: Satz nach der Konjunktion)

2−1　Verwendung als Satzverbindung (Ursache/Grund – Folge)

1) **したがって** aufgrund von P das Urteil Q äußern; wird in förmlichen Texten wie z.B. in Abhandlungen benutzt.

① この町は人口が減っているだけでなく高齢化も進んでいる。したがって、経済の発展を考えると、若い世代の住民を増やすことが重要だと思う。

In dieser Stadt wird nicht nur die Einwohnerzahl weniger, auch das Altern schreitet fort. Deshalb denke ich, dass es, wenn man ans Wirtschaftswachstum denkt, wichtig ist, den Einwohneranteil der jüngeren Generation zu erhöhen.

② 先月の売上げは約300万円、今月は合計およそ400万円であった。したがって、わずか1か月で30％以上伸びたことになる。

Der Umsatz des letzten Monats betrug etwa 3 Millionen Yen, der in diesem Monat insgesamt ungefähr 4 Millionen Yen. Das heißt, dass der Umsatz somit in nur knapp einem Monat um über 30% angestiegen ist.

2－2　Verwendung als Satzverbindung (Bedingung – Folge)

1) だとすると／だとすれば／だとしたら Wenn man P voraussetzt, wird die Folge Q sein.

① A：天気予報によると明日は大雨になりそうだって。
   B：えっ、そう。だとすると、明日のお花見は無理かもしれないね。
   A：Laut Wetterbricht soll es morgen starken Regen geben.
   B：Was, echt? Wenn das so ist, könnte es sein, dass es mit der Kirschblütenschau morgen nichts wird, ne?

2－3　den Grund nennen

1) なぜなら／なぜかというと Q als Ursache/Grund von P nennen.

① 近年、大学生が専門的な勉強に時間をかけられなくなっている。なぜなら、就職が年ごとに厳しくなり、就職活動のため3年生ぐらいからあまり大学に来られなくなるからだ。

In den letzten Jahren können sich Studierende keine Zeit mehr für spezialisiertes Lernen nehmen. Das ist so, weil das Finden einer Anstellung von Jahr zu Jahr schwieriger geworden ist, und sie etwa ab dem 3. Studienjahr wegen der Suche nach einem Arbeitsplatz nicht mehr so oft zur Universität kommen können.

② 仕事は9時からだが、私は8時までに会社に着くように出かける。なぜかというと、早い時間のほうが電車がすいていて快適だからだ。

Die Arbeit fängt um 9 Uhr an, aber ich verlasse mein Haus so (früh), dass ich spätestens bis 8 Uhr in der Firma ankomme. Das mache ich so, weil der Zug zu der früheren Zeit leerer und es somit angenehmer ist.

2－4　Verwendung als adversative Satzverbindung

1) それなのに beschreibt, dass das Resultat „Q" erreicht wurde, das entgegen der Erwartung aufgrund von P ist. Oft werden dabei Überraschung oder Unzufriedenheit ausgedrückt.

① 試験のためにアルバイトもやめて毎日遅くまで勉強した。それなのに、合格できなかった。
   Für die Prüfung habe ich meinen Nebenjob gekündigt und jeden Tag bis spät gelernt. Trotzdem konnte ich sie nicht bestehen.

② 田中さんと山本さんは誰からもうらやましがられるカップルだった。それなのに、結婚してからはうまくいかなくて、2年後に離婚してしまった。

Herr/Frau Tanaka und Herr/Frau Yamamoto waren ein Paar, das von jedem beneidet wurde. Aber nach der Hochzeit ist die Ehe nicht gut gelaufen, und sie haben sich leider nach zwei Jahren scheiden lassen.

2－5　umschreiben

1）**要するに** Wenn man P kurz zusammenfasst, ist es Q.

① 渡辺さんは優秀な会社員で、英語と中国語がぺらぺらで、スポーツも料理もできる。要するに、万能の女性だ。

Frau Watanabe ist eine ausgezeichnete Angestellte, kann fließend Englisch und Chinesisch und ist sportlich und kann auch kochen. Kurzum, sie ist eine Alleskönnerin (wörtl. eine Frau, die alles kann).

2）**すなわち** Wenn man P mit anderen Worten erklärt, ist es Q. Wird nicht nur für die Umschreibung eines Satzes, sondern auch für die einzelner Wörter benutzt.

① この学部では「スポーツ科学」は必修科目です。すなわち、この科目の単位を取らなければ卒業できないのです。

In dieser Fakultät ist die Sportwissenschaft ein Pflichtfach. Das heißt, dass man sein Studium nicht abschließen kann, wenn man die Leistungspunkte dieses Faches nicht erwirbt.

② 息子は西暦2000年、すなわち20世紀最後の年に生まれた。

Mein Sohn ist im Jahr 2000, das heißt im letzten Jahr des 20. Jahrhunderts geboren.

3）**いわば**　＝　たとえて言ってみれば (wenn man einen Vergleich versucht).

① 韓国のチヂミという料理は、いわば日本のお好み焼きのようなものです。

Das koreanische Essen namens *chijimi* ist sozusagen so etwas wie japanisches *Okonomiyaki* (jap. Pfannkuchen).

② 昭和は大きく戦前と戦後に分けられる。いわば異なる2つの時代が1つの名前で呼ばれているようなものだ。

Die Shōwa (-Zeit) kann grob in Vorkriegszeit und Nachkriegszeit geteilt werden. Es ist in etwa so, als ob zwei unterschiedliche Zeiten mit einem Namen bezeichnet würden.

2－6　etwas hinzufügen

1）**しかも** über P hinaus Q sein, zu P Q hinzufügen, das ein höheres Ausmaß hat als P.

① 山本先生のクラスでは毎回テストがある。しかも、毎回全員の点数が公表される。

In der Klasse von Herrn/Frau Yamamoto gibt es jedes Mal einen Test. Außerdem wird jedes Mal die Punktzahl von allen veröffentlicht.

② 卵は安くて調理が簡単な食材だ。しかも、栄養が豊富である。

Ei ist ein Lebensmittel, das billig und einfach zuzubereiten ist. Außerdem ist es nahrhaft.

2) **そればかりでなく／そればかりか** zusätzlich zu P Q sein, ein Q hinzufügen, das unerwarteter ist als P.
　① この地域は夏の間に数回大雨にあった。そればかりでなく、9月には台風によって大きな被害を受けた。
　　Diese Region war während des Sommers einige Male von schweren Regenfällen betroffen. Das ist noch nicht alles, im September gab es durch einen Taifun große Schäden.
　② 太郎君は小学1年生なのに家で留守番ができる。そればかりか、掃除や夕食の買い物までするそうだ。
　　Tarō kann das Haus hüten, obwohl er (erst) in der ersten Klasse an der Grundschule ist. Nicht nur das, er soll sogar putzen und die Einkäufe fürs Abendessen machen.

2－7　etwas ergänzen

1) **もっとも** Q als Ausnahme oder Beschränkung von P benennen.
　① 次回は校外学習の予定です。もっとも、雨が降ったら中止ですが。
　　Beim nächsten Mal ist ein außerschulisches Lernen geplant. Allerdings fällt es aus, wenn es regnet.
　② 大学に新しい寮をつくることになり、工事が始まっている。もっとも、完成するのは、私が卒業したあとだそうだ。
　　Es wurde beschlossen, ein neues Studentenwohnheim an der Universität zu bauen, und die Bauarbeiten haben angefangen. Die Fertigstellung soll allerdings nach meinem Abschluss sein.

2) **ただし** Q als Ausnahme oder Beschränkung von P benennen. Als Q können auch Befehle oder Bitten stehen.
　① 定休日は月曜日です。ただし、月曜日が祝日の場合、火曜日になります。
　　Der Ruhetag ist Montag. Wenn der Montag aber ein Feiertag ist, ist (wörtl. wird) der Dienstag ein Ruhetag.
　② 夕食まで自由時間です。ただし、外に出るときは必ず連絡してください。
　　Bis zum Abendessen haben Sie freie Zeit. Sagen Sie uns jedoch bitte unbedingt Bescheid, wenn Sie ausgehen.

3) **なお** eine Information, die mit P zusammenhängt, zu Q hinzufügen.
　① パーティーは7時から食堂で行いますので、お集まりください。なお、参加費は無料です。
　　Die Party findet ab 19 Uhr in der Mensa statt, alle sind herzlich eingeladen (wörtl. versammeln Sie sich bitte). Noch eine Information dazu: Die Teilnahme ist kostenlos.

2－8　etwas auswählen

1) **それとも** wird benutzt, wenn man den Gesprächspartner zwischen P und Q auswählen lässt.
　① 地下鉄で帰りますか。それとも、タクシーに乗りますか。
　　Fahren Sie mit der U-Bahn zurück? Oder nehmen Sie ein Taxi?

② コーヒー、飲む？　それとも、お茶？

Trinkst du einen Kaffee? Oder einen Tee?

2－9　das Thema wechseln

1）**さて** wird benutzt, wenn man vom Thema P zu einem anderen Thema Q, das im Zusammenhang mit P steht, wechselt.

① 時間になりましたので、「留学生の集い」を始めます。最後までごゆっくりお楽しみください。さて、ここで問題です。この大学に留学生は何人いるでしょうか。

Es ist Zeit, wir eröffnen das „Treffen der ausländischen Studierenden". Viel Spaß und eine angenehme Zeit wünsche ich Ihnen bis zum Ende der Versammlung. Zunächst aber haben wir eine Frage: Wie viele ausländische Studierende gibt es wohl an dieser Universität?

② 今日予約している店は魚料理がおいしいんですよ。……さて、みなさん揃いましたね。そろそろ出かけましょうか。

Das Restaurant, in dem ich für heute reserviert habe, bietet leckere Fischgerichte an. ...Nun denn, alle sind da. Wollen wir uns langsam auf den Weg machen?

2）**それはそうと／それはさておき** wird benutzt, wenn man zum Thema Q wechselt, das mit P nicht direkt etwas zu tun hat (Q ist wichtiger als P).

① 昨日はひどい天気だったね。せっかくの休みなのにどこへも行けなかったよ。それはそうと、今日、漢字のテストがあるんだっけ？

Gestern war schlimmes Wetter, oder? Trotz des (wertvollen) freien Tages konnte ich nirgendwohin. Wie dem auch sei, hatten wir heute einen *Kanji*-Test?

3）**それにしても** wird benutzt, wenn man nach einem anderen Thema P noch einmal das Thema Q aufgreift, über das man vorher einmal gesprochen hat.

① 今日は道が込んでるね。…そうそう、宿題やった？　難しかったよね。半分以上分からなかった。…それにしても、込んでるね。今日は何かあるのかなあ。

Heute sind die Straßen überfüllt, ne? ...Ach ja, hast du die Hausaufgabe gemacht? Waren doch schwer, oder? Über die Hälfte habe ich nicht gewusst. ...Die Straßen sind aber doch voll, oder? Ich frage mich, ob heute etwas (besonderes) ist.

3. Verschiedene Ausdrücke mit Suffixen

1）**〜がたい** ＝ 〜できない (nicht「〜」können).

① 社長の意見は理解しがたいものばかりだ。

Die Ansichten vom/von der Firmenchef/-in sind immer schwer zu verstehen.

② 気の弱い田中さんが会長になるなんて信じがたいことだ。

Es ist kaum zu glauben, dass die/der willensschwache Tanaka Vorsitzende/-r wird.

＊ Als oft verwendete Beispiele gibt es außerdem 想像しがたい, 賛成しがたい, 言いがたい etc.

2）**〜がちだ** drückt aus, dass etwas leicht in einen schlechten Zustand gerät.
　① この頃山本さんは授業を休みがちだ。それで、成績が下がってきているのだ。

　　In letzter Zeit neigt Herr/Frau Yamamoto dazu, im Unterricht zu fehlen. Daher werden seine/ihre Noten schlechter.

　② 人のまねをして書いたレポートはおもしろくないものになりがちだ。

　　Hausarbeiten, die den Schreibstil einer anderen Person nachahmen, haben die Tendenz, uninteressant zu sein.

　　＊ Als oft verwendete Beispiele gibt es außerdem ありがちだ，忘れがちだ，病気がちだ etc.

3）**〜気味だ** ＝ 〜する傾向が少しある (Es besteht ein wenig die Tendenz,「〜」zu tun.)
　① コーヒー豆の価格が上がり気味だ。

　　Der Preis der Kaffeebohnen tendiert dazu zu steigen.

　② 最近ちょっと太り気味なの。ダイエットしなくちゃ。

　　In letzter Zeit bin ich ein bisschen dick. Ich muss 'ne Diät machen.

　　＊ Als oft verwendete Beispiele gibt es außerdem 風邪気味だ，下がり気味だ etc.

4）**〜づらい** drückt aus, dass man vom Gefühl oder von den Fähigkeiten her schwer「〜」machen kann.
　① 忙しそうなので、手伝ってくださいとは言いづらかったんです。

　　Da Sie beschäftigt aussahen, war es schwer, Sie um Hilfe zu bitten.

　② 大量の数字は人間には扱いづらいので、計算を任せるためにコンピューターが開発されたのである。

　　Mit einer großen Menge von Zahlen können Menschen schwer umgehen, deswegen wurden Computer entwickelt, um diesen das Rechnen zu überlassen.

5）**〜だらけ** drückt den Zustand aus, dass etwas Unangenehmes überall verbreitet ist.
　① このカバンは傷だらけだ。

　　Diese Tasche ist kratzerübersät.

　② この部屋は長い間人が住んでいなかったため、部屋の隅がほこりだらけだ。

　　Weil das Zimmer lange unbewohnt war, sind die Ecken mit Staub bedeckt.

　③ 政府が出した改革案は問題だらけだ。

　　Der Reformvorschlag, den die Regierung vorgelegt hat, steckt voller Probleme.

6）**〜っぽい** ＝ 〜のように感じられる／見える (wie「〜」empfunden werden / aussehen).
　① 今朝から熱っぽい。

　　Seit heute Morgen fühle ich mich fiebrig.

　② もう大人なんだから、子どもっぽい話し方はやめなさい。

　　Du bist schon ein Erwachsener, also hör mit der kindischen Sprechweise auf!

7）**〜向きだ／向きに／向きの** drückt aus, dass etwas für ein gewisses Objekt passend ist.
　① 彼の性格は政治家向きだ。

　　Sein Charakter ist für einen Politiker passend.

② この家は高齢者向きに作られている。

　　Dieses Haus ist für alte Menschen gebaut.

8) 〜向けだ／向けに／向けの drückt aus, dass der Benutzer oder der Verwendungszweck einer Sache vorhergesehen ist.

① 吉田さんは放送局で子ども向けの番組を制作している。

　　Herr/Frau Yoshida produziert bei einem Rundfunksender Sendungen für Kinder.

② このパンフレットは外国人向けに、分かりやすい日本語で書かれています。

　　Diese Broschüre ist für Ausländer in leicht verständlichem Japanisch geschrieben.

4. Ausdrücke der subjektiven Einstellung oder Empfindung zum Zeitpunkt der Äußerung

4−1　einladen, vorschlagen

1) 〜（よ）うではないか den Gesprächspartner zu etwas auffordern oder ihm einen Vorschlag machen.

① どの会社もやらないなら仕方がない。わが社が引き受けようではないか。

　　Wenn es keine (andere) Firma macht, kann man nichts machen. Lasst unsere Firma es doch übernehmen.

② まず、彼の言うことを聞こうではないか。

　　Sollen wir nicht zuerst hören, was er sagt?

4−2　ein Urteil vermeiden und teilweise verneinen

1) 〜とは限らない　＝　いつも〜であるとは言えない、〜ではない可能性もある (Man kann nicht sagen, dass etwas immer「〜」ist; es ist auch möglich, dass es nicht「〜」ist.)

① お金持ちが幸せだとは限らない。

　　Reiche sind nicht immer glücklich.

② どの学習者にも日本語の発音がやさしいとは限らない。

　　Nicht für jeden Lerner ist die japanische Aussprache einfach.

2) 〜ないとも限らない　＝　〜である可能性もある (Es ist auch möglich, dass etwas「〜」ist.)

① 世界的な食糧危機が起こらないとも限らない。

　　Man kann den Ausbruch einer weltweiten Nahrungskrise nicht ausschließen.

② いい就職先が見つからないとも限らないから、まじめに努力を続けるべきだ。

　　Es kann ja sein, dass du eine gute Stelle findest, deswegen sollst du dich ernsthaft weiter bemühen.

3) 〜なくはない／〜ないことはない　＝　〜ではないとは言い切れない (Man kann nicht mit Bestimmtheit behaupten, dass etwas nicht「〜」ist.)

① この計画に問題があると考えられなくはない。

　　Man kann schon denken, dass es in diesem Plan Probleme gibt.

② この漫才コンビはおもしろくなくはない。しかし、他にもっとおもしろいコンビがいる。
Dieses *Manzai*-Duo ist nicht schlecht (wörtl. nicht unlustig). Es gibt aber andere, lustigere Duos.

③ 彼女の料理はおいしくないことはない。
Ihr Essen ist nicht schlecht.

4－3　einen Teil klar verneinen

1) ～のではない den Inhalt von「～」verneinen.
   ① A：彼が財布を盗んだのですか。(「誰かが財布を盗んだ」ことは分かっている)
      B：いいえ、彼が財布を盗んだのではありません。他の人が盗んだのです。
      A：Hat er das Portemonnaie gestohlen? (Man weiß, dass jemand das Portemonnaie gestohlen hat.)
      B：Nein, er war es nicht (, der das Portemonnaie gestohlen hat). Ein anderer hat es gestohlen.

2) ～はしない drückt aus, dass man「～」nicht macht, aber etwas, das im Zusammenhang damit steht.
   ① その本を買いはしなかったが、おもしろそうだったので、図書館で借りて読んだ。
      Ich habe das Buch zwar nicht gekauft, aber es machte einen interessanten Eindruck, deswegen habe ich es mir in der Bibliothek ausgeliehen und gelesen.
   ② 彼女はあまり多くのことを話しはしないが、話し方は上手だ。
      Sie erzählt zwar nicht viel, aber ihre Sprechweise ist gut.

4－4　eine starke Verneinung ausdrücken

1) ～わけがない den Inhalt von「～」stark verneinen.　＝　～はずがない (「～」ist nicht möglich).
   In lockerer Umgangssprache wird auch「～っこない」benutzt.
   ① こんないい天気なのだから、雨が降るわけがない。
      Weil so ein schönes Wetter ist, wird es auf keinen Fall regnen.
   ② ケーキが大好きな洋子さんが、この店のこのケーキのことを知らないわけがない。
      Es kann nicht sein, dass Yōko, die so gerne Kuchen mag, diesen Kuchen von diesem Laden nicht kennt.
   ③ この問題はかなり難しい。彼女には解けっこないよ。
      Diese Aufgabe ist ziemlich schwierig. Sie kann sie unmöglich lösen.

2) ～ようがない　＝　～する方法がない (Es gibt keine Methode,「～」zu tun.)
   ① 断水になると、料理のしようがない。
      Wenn es zur Absperrung der Wasserleitung kommt, ist es unmöglich zu kochen.
   ② 毎日10km歩いて学校に通っている彼はすごいとしか言いようがない。
      Ihn kann man nur bewundern (wörtl. Ihn kann man nur großartig nennen), dafür dass er jeden Tag zehn Kilometer zu Fuß bis zur Schule geht.

3）〜どころではない ＝ 〜の（する）時間的・心理的余裕がない (keinen zeitlichen oder psychischen Spielraum haben,「〜」zu tun).
① 今日はパーティーの準備で忙しくて、美容院に行くどころではなかった。
Heute habe ich nicht die Zeit gefunden, zum Friseur zu gehen, da ich wegen der Vorbereitungen für die Party beschäftigt war.
② A：今晩一緒にご飯食べない？
B：ごめんね。明日試験があって、それどころじゃないのよ。
A：Wollen wir nicht heute Abend zusammen essen?
B：Es tut mir Leid. Ich habe morgen eine Prüfung, deshalb habe ich für solche Dinge (heute) keine Zeit.

4−5　das Gefühl ausdrücken, dass etwas keine große Sache ist

1）〜にすぎない ＝ 〜はたいしたことではない (「〜」ist nichts Besonderes).
① 私は一人の学生にすぎませんが、一応専門的な知識は持っています。
Ich bin nur ein Student, besitze aber einiges an Spezialwissen.
② 今回明らかになったのは問題全体の一部にすぎない。
Was sich diesmal herausgestellt hat, ist nicht mehr als ein Teil des ganzen Problems.

4−6　eine Möglichkeit erwähnen

1）〜かねない ＝ 〜する危険がある (die Gefahr besteht, dass「〜」passiert).
① 今回の首相の発言は外国に誤解を与えかねない。
Die (diesmalige) Aussage des/r Premierministers/in könnte im Ausland missverstanden werden.
② これ以上景気が悪くなると、失業者が大量に生まれかねない。
Wenn sich die Konjunktur weiterhin verschlechtert, könnte es viele Arbeitslose geben.
2）〜かねる drückt aus, dass man「〜」nicht kann, obwohl man es möchte.
① 彼女の言うことは理解しかねる。
Ich kann nicht recht verstehen, was sie sagt.
② ご依頼の件はお引き受けしかねます。
Es ist uns leider nicht möglich, Ihren Auftrag anzunehmen (wörtl. Es fällt uns schwer, Ihren Auftrag anzunehmen).

4−7　den Gemütszustand nachdrücklich äußern

1）〜ずにはいられない／ないではいられない drückt den Gemütszustand aus, dass man nicht anders kann, als「〜」zu tun.
① お酒を飲んで楽しくなって、歌を歌わずにはいられなかった。
Ich hatte Alkohol getrunken, fühlte mich wohl und kam nicht umhin zu singen.

② ダイエット中でも、おいしそうなケーキを見ると食べないではいられない。

Wenn ich einen leckeren (wörtl. lecker aussehenden) Kuchen sehe, komme ich nicht umhin, ihn zu essen, selbst wenn ich auf Diät bin.

2）**〜てしょうがない／てしかたがない** drückt aus, dass man das Gefühl「〜」so stark bekommt oder so sehr in dem Zustand「〜」ist, dass man es nicht aushalten kann.

① のどが渇いて、水が飲みたくてしょうがなかった。

Ich hatte (so schrecklichen) Durst, dass ich unbedingt Wasser trinken wollte.

② 冷房が壊れているので、暑くてしかたがない。

Weil die Klimaanlage kaputt ist, ist es nicht auszuhalten vor Hitze.

3）**〜てならない** drückt aus, dass man ständig das Gefühl「〜」bekommt oder in den Zustand「〜」gerät. Es wird zusammen mit Verben verwendet, die die Bedeutung beinhalten, dass man von selbst ein solches Gefühl bekommt.

① ふるさとのことが思い出されてならない。

Ich muss ständig an meine Heimat denken.

② 彼の言っていることには嘘があるような気がしてならない。

Ich kann den Verdacht nicht unterdrücken, dass an dem, was er sagt, etwas nicht stimmt.

4）**〜ほかない** drückt aus, dass man nichts machen kann, weil es keine andere Möglichkeit als 「〜」gibt.

① 締切りまで時間がないので、とにかく今、分かっていることを論文に書くほかない。

Weil bis zur Abgabefrist keine Zeit mehr bleibt, bleibt mir nichts anderes übrig, als das, was ich jetzt weiß, in die Abhandlung zu schreiben, egal was dabei herauskommt.

② 今は手術が無事に終わることを祈るほかありません。

Es bleibt uns jetzt nichts anderes übrig, als zu hoffen, dass die Operation ohne Zwischenfälle endet.

4－8　Zweifel ausdrücken

1）**〜かしら** drückt aus, dass man an「〜」zweifelt. Hauptsächlich wird es von Frauen benutzt.

① 今日は道路が込んでるわね。バス、時間通りに来るかしら。

Heute sind die Straßen aber voll, oder? Ob der Bus pünktlich (wörtl. gemäß dem Zeitplan) kommt?

② あれ、財布がない。どこに置いたのかしら。

Nanu, mein Portemonnaie ist weg. Wo habe ich es nur hingelegt?

4－9　etwas zusammen mit dem Beurteilungskriterium erwähnen

1）**〜からいうと・〜からして／からすると／からすれば・〜からみると／みれば／みて／みても** ＝ 〜という点から考えると (wenn man es in der Hinsicht von「〜」betrachtet)、〜という点から考えても (selbst wenn man es in der Hinsicht von「〜」betrachtet).

① 立地条件からいうと、この家は最高だ。

Dieses Haus ist hinsichtlich der Standortbedingungen das Beste.

② 彼は服装からして、学校の先生には見えない。

Von seiner Kleidung her sieht er nicht wie ein Lehrer an einer Schule aus.

③ 子どもの立場からすると学校の週休二日制はいいことだが、親にとってはそうではない。

Vom Standpunkt der Kinder aus gesehen ist die Fünftagewoche in der Schule gut, aber für die Eltern ist sie es nicht.

④ 国家的非常事態の際の日本政府の対応は、先進国の基準からみて、かなり劣っていると言える。

Man kann sagen, dass die Reaktion der japanischen Regierung bei einem nationalen Ausnahmezustand vom Standard der hochindustrialisierten Länder aus gesehen ziemlich weit zurücksteht.

4 – 10　über das Aussehen oder den Zustand eine Aussage machen

1）〜かのようだ　＝　〜であるように見える／感じられる (wie「〜」aussehen/empfunden werden).

① この辺りの道は複雑で、迷路に入ってしまったかのようだ。

Die Straßenführung hier in der Gegend ist kompliziert, man fühlt sich, als ob man in ein Labyrinth geraten wäre.

② 一面にひまわりの花が咲いていて、その部分が燃えているかのようだ。

Überall blühen die Sonnenblumen, es sieht so aus, als ob die Fläche brennen würde.

2）〜ものがある drückt aus, dass es etwas Besonderes gibt, das「〜」macht.

① 彼の絵には見る人の心を強く動かすものがある。

Es ist etwas in seinen Bildern, dass die Herzen der Betrachtenden stark bewegt.

② 2、3歳の子どもの成長の早さには目を見張るものがある。

Etwas an der Wachstumsgeschwindigkeit zwei- oder dreijähriger Kinder lässt einen die Augen weit aufreißen.

3）〜一方だ drückt mit Nachdruck den Zustand aus, dass etwas immer mehr「〜」wird. Für「〜」wird die Wörterbuchform von Verben, die eine Veränderung beschreiben, benutzt.

① 今のライフスタイルを変えないかぎり、ごみは増える一方だ。

Solange wir den jetzigen Lebensstil nicht ändern, wird der Müll immer mehr.

② 経済のグローバル化にともない、企業同士の競争は激しくなる一方である。

Mit der Globalisierung der Wirtschaft wird der Wettbewerb zwischen den Unternehmen immer heftiger.

4 – 11　etwas mit Überzeugung äußern

1）〜にきまっている drückt aus, dass man von「〜」überzeugt ist. Es wird allerdings auch dann benutzt, wenn es dafür keine Begründung gibt.

① 山本さん、得意先からまだ帰ってこないの？ 遅いね。

…またどこかでコーヒーでも飲んでるにきまってるよ。

Herr/Frau Yamamoto ist noch nicht von dem Stammkunden zurück? Er ist spät, nicht wahr?

…Er/sie trinkt ganz sicher wieder irgendwo einen Kaffee oder so.

2）**〜に相違ない** drückt aus, dass man von「〜」überzeugt ist. ＝ 〜に違いない．Es wird auch benutzt, wenn es dafür keine Begründung gibt, aber die Überzeugung ist schwächer als bei「〜にきまっている」.

① 環境破壊は人間の身勝手な行動の結果に相違ない。

Es besteht kein Zweifel, dass die Umweltzerstörung eine Konsequenz der egoistischen Handlungen der Menschheit ist.

4－12　ein Urteil abgeben, ob etwas nötig oder verpflichtend ist

1）**〜ことだ** das Urteil abgeben, dass「〜」am wichtigsten für den Zweck ist.

① 自分が悪かったと思うなら、まず素直に謝ることだ。

Wenn du denkst, dass du schuld warst, solltest du dich erst einmal ohne Widerstreben entschuldigen.

② 料理上手になるためには、とにかくおいしいものを食べて味を覚えることだ。

Um ein guter Koch zu werden, solltest du auf alle Fälle selber leckere Sachen essen und so deinen Geschmack schulen.

2）**〜ことはない** das Urteil abgeben, dass「〜」unnötig ist.

① 今日の試合に負けたからって、がっかりすることはないよ。次で頑張ればいいんだから。

Du brauchst nicht enttäuscht zu sein, weil du das heutige Spiel verloren hast. Es ist okay, wenn du beim nächsten Mal dein Bestes gibst.

3）**〜必要がある／〜必要はない** das Urteil abgeben, dass「〜」nötig/unnötig ist.

① 多くの野菜は水だけではうまく育たない。定期的に肥料を与える必要がある。

Viele Gemüse können nur mit Wasser nicht gut wachsen. Es ist (auch) notwendig, regelmäßig zu düngen.

② この時計は太陽電池で動いていますので、電池を交換する必要はありません。

Weil diese Uhr durch Solarzellen betrieben wird, ist es nicht notwendig, Batterien zu wechseln.

③ 手術の必要がありますか。

…いいえ、その必要はありません。薬で治療できます。

Muss ich operiert werden?

…Nein, müssen Sie nicht. Man kann Sie mit Medikamenten behandeln.

4）**〜には及ばない** das Urteil abgeben, dass man「〜」nicht zu tun braucht.

① お忙しいでしょうから、わざわざ来ていただくには及びません。

Sie haben sicherlich viel zu tun, deswegen brauchen Sie nicht extra zu kommen.

② この本は高いので買うには及びません。必要なところをコピーしてください。

Weil dieses Buch teuer ist, brauchen Sie es nicht zu kaufen. Kopieren Sie sich bitte die Stellen, die Sie brauchen.

4 − 13　starke Gefühle oder Empfindungen mitteilen

1）**〜かぎりだ** drückt das Gefühl aus, dass man sehr「〜」ist.

① 渡辺さんは夏休みに夫婦でヨーロッパへでかけるらしい。うらやましいかぎりだ。

Herr und Frau Watanabe sollen in den Sommerferien nach Europa reisen. Ich bin sehr neidisch.

② 楽しみにしていた同窓会が地震の影響で中止になってしまった。残念なかぎりだ。

Das Alumni-Treffen, auf das ich mich so gefreut hatte, wurde wegen der Folgen des Erdbebens abgesagt. Ich finde es äußerst schade.

2）**〜といったらない** drückt das Gefühl aus, dass man so「〜」ist, dass man es nicht in Worte fassen kann.

① 恋人と結婚式を挙げたときの感激といったらなかった。

Ich kann nicht in Worte fassen, was für eine tiefe Rührung mich überwältigt hat, als ich meine/-n Freund/-in geheiratet habe. (wörtl. Ich kann meine Rührung, als ... habe, nicht in Worte fassen.)

② 大勢の人がいるところで転んでしまった。恥ずかしいといったらなかった。

Ich bin vor vielen Menschen hingefallen. Ich kann gar nicht sagen, wie peinlich mir das war.

3）**〜ことか** wird zusammen mit「どんなに／何度」etc. benutzt und drückt das starke Gefühl aus, dass man verstanden werden möchte.

① あなたと再会できる日をどんなに待ったことか。

Wie sehnlich ich auf den Tag, an dem ich Sie wiedersehe, gewartet habe!

② 漢字が書けるようになるまでに、何度練習したことか。

Wie viele Male habe ich geübt, bis ich *Kanji* schreiben konnte!

4 − 14　Bestätigung/Einsicht verlangen

1）**〜じゃないか** den Gesprächspartner ermahnend auf「〜」hindeuten.

① 太郎、水道の水が出しっぱなしじゃないか。早く止めなさい。

Tarō, das Wasser läuft ja die ganze Zeit! Dreh schnell den Wasserhahn zu!

② 田中さん、顔色が悪いじゃないですか。だいじょうぶですか。

Herr/Frau Tanaka, Sie sehen aber blass aus. Geht's Ihnen gut?

5. erläutern, in welcher Phase des zeitlichen Verlaufs sich eine Handlung oder ein Geschehen befindet

1) **〜かける** drückt den Zeitpunkt kurz vor dem Beginn der Handlung「〜」aus. Oft wird es verwendet, wenn man die Handlung tatsächlich nicht durchgeführt hat.
   ① 電話がかかってきたとき、私は眠りかけていた。
      Als ich den Anruf bekommen habe, war ich dabei einzuschlafen.
   ② 彼は何か言いかけたが、何も言わなかった。
      Er war im Begriff etwas zu sagen, sagte (dann) aber nichts.

2) **〜かけの〜** ＝ すでに少し〜した〜 (bereits ein wenig「〜」gemachte/-r/-s「〜」), 〜は〜かけだ ＝ 〜はすでに少し〜している (etwas ist bereits ein wenig「〜」gemacht worden).
   ① 机の上に食べかけのリンゴが置いてあった。
      Auf dem Tisch lag ein angebissener Apfel.
   ② 机の上のリンゴは食べかけだ。
      Der Apfel auf dem Tisch ist angebissen.

3) **〜つつある** hiermit wird ausgedrückt, dass etwas sich noch im Veränderungsprozess befindet.
   ① 池の氷が溶けつつある。
      Das Eis auf dem Teich ist dabei zu schmelzen.
   ② 日本の人口は少しずつ減少しつつある。
      Die Bevölkerungszahl Japans ist dabei, nach und nach zu sinken.

4) **〜ぬく** ＝ 最後まで〜する (「〜」bis zum Ende machen).
   ① 仕事を引き受けたら、最後までやりぬくことが必要だ。
      Wenn man eine Aufgabe übernommen hat, muss man sie zu Ende bringen.
   ② 彼は政治犯として逮捕され、つらい生活を強いられたが、見事にその生活に耐えぬいた。
      Er wurde als politischer Verbrecher verhaftet und zu einem harten Leben gezwungen, hat dieses Leben aber auf großartige Weise durchgehalten.

5) **〜つくす** ＝ 全部〜する (「〜」zur Gänze machen).
   ① 彼女は会社の不満を言いつくして退職した。
      Sie hat in der Firma gekündigt, nachdem sie ihrer ganzen Unzufriedenheit Luft gemacht hatte.
   ② 彼は親が残してくれた800万円を半年で使いつくしてしまった。
      Er hat die 8 Millionen Yen, die seine Eltern ihm hinterlassen hatten, in einem halben Jahr komplett ausgegeben.

6) **〜ている最中** ＝ ちょうど今〜している (gerade jetzt dabei sein,「〜」zu tun).
   ① 今、旅行の準備をしている最中だ。
      Ich bin im Moment mitten in meinen Reisevorbereitungen.
   ② 晩ご飯を作っている最中に彼女から電話がかかってきた。
      Mitten in der Zubereitung des Abendessens kam ein Anruf von meiner Freundin.

文法担当 Beauftragte für den grammatikalischen Teil
　庵功雄（Isao Iori）　　高梨信乃（Shino Takanashi）　　中西久実子（Kumiko Nakanishi）
　前田直子（Naoko Maeda）

執筆協力 Verfasser
　亀山稔史（Toshifumi Kameyama）　澤田幸子（Sachiko Sawada）　新内康子（Koko Shin'uchi）
　関正昭（Masaaki Seki）　　　　　田中よね（Yone Tanaka）　　　鶴尾能子（Yoshiko Tsuruo）
　藤嵜政子（Masako Fujisaki）　　　牧野昭子（Akiko Makino）　　　茂木真理（Mari Motegi）

編集協力 redaktionelle Mitarbeit
　石沢弘子（Hiroko Ishizawa）

ドイツ語翻訳 Übersetzung
　藤田香織（Kaori Fujita）
　Christoph Schlüter

イラスト Illustration
　佐藤夏枝（Natsue Sato）

本文レイアウト Layout der japanischen Ausgabe
　山田武（Takeshi Yamada）

編集担当 Redaktion
　井上隆朗（Takao Inoue）

みんなの日本語　中級 II
翻訳・文法解説　ドイツ語版

2014 年 4 月 10 日　初版第 1 刷発行

編著者　株式会社　スリーエーネットワーク
発行者　小林卓爾
発　行　株式会社　スリーエーネットワーク
　　　　〒102-0083 東京都千代田区麹町 3 丁目 4 番
　　　　　　　　　トラスティ麹町ビル 2F
　　　　電話　営業 03（5275）2722
　　　　　　　編集 03（5275）2726
　　　　http://www.3anet.co.jp/
印　刷　倉敷印刷株式会社

ISBN978-4-88319-619-7　C0081
落丁・乱丁本はお取り替えいたします。
本書の全部または一部を無断で複写複製（コピー）することは著作権法上
での例外を除き、禁じられています。

みんなの日本語シリーズ

みんなの日本語 初級I 第2版

- 本冊（CD付） ……………… 2,500円＋税
- 本冊 ローマ字版（CD付） ….. 2,500円＋税
- 翻訳・文法解説
  - 英語版 ……………………… 2,000円＋税
  - ローマ字版【英語】 ………… 2,000円＋税
  - 中国語版 …………………… 2,000円＋税
  - 韓国語版 …………………… 2,000円＋税
  - ドイツ語版 ………………… 2,000円＋税
  - スペイン語版 ……………… 2,000円＋税
  - ポルトガル語版 …………… 2,000円＋税
  - ベトナム語版 ……………… 2,000円＋税
  - イタリア語版 ……………… 2,000円＋税
  - フランス語版 ……………… 2,000円＋税
  - タイ語版 …………………… 2,000円＋税
  - インドネシア語版 ………… 2,000円＋税
- 標準問題集 ………………… 900円＋税
- 漢字練習帳 ………………… 900円＋税
- 書いて覚える文型練習帳 … 1,300円＋税
- 導入・練習イラスト集 …… 2,200円＋税
- 絵教材CD-ROMブック …… 3,000円＋税

みんなの日本語 初級II 第2版

- 本冊（CD付） ……………… 2,500円＋税
- 翻訳・文法解説
  - 英語版 ……………………… 2,000円＋税
  - 中国語版 …………………… 2,000円＋税
  - ベトナム語版 ……………… 2,000円＋税
- 標準問題集 ………………… 900円＋税
- 書いて覚える文型練習帳 … 1,300円＋税
- 導入・練習イラスト集 …… 2,400円＋税
- 絵教材CD-ROMブック …… 3,000円＋税

みんなの日本語 中級I

- 本冊（CD付） ……………… 2,800円＋税
- 翻訳・文法解説
  - 英語版 ……………………… 1,600円＋税
  - 中国語版 …………………… 1,600円＋税
  - 韓国語版 …………………… 1,600円＋税
  - ドイツ語版 ………………… 1,600円＋税
  - スペイン語版 ……………… 1,600円＋税
  - ポルトガル語版 …………… 1,600円＋税
  - フランス語版 ……………… 1,600円＋税
- 教え方の手引き …………… 2,500円＋税
- 標準問題集 ………………… 900円＋税

みんなの日本語 中級II

- 本冊（CD付） ……………… 2,800円＋税
- 翻訳・文法解説
  - 英語版 ……………………… 1,800円＋税
  - 中国語版 …………………… 1,800円＋税
  - スペイン語版 ……………… 1,800円＋税
  - ポルトガル語版 …………… 1,800円＋税
  - フランス語版 ……………… 1,800円＋税

スリーエーネットワーク

ホームページで新刊や日本語セミナーをご案内しております。
http://www.3anet.co.jp/